COMISSÃO PONTIFÍCIA
DOS MEIOS DE COMUNICAÇÃO SOCIAL

INSTRUÇÃO PASTORAL

COMMUNIO ET PROGRESSIO

SOBRE OS MEIOS
DE COMUNICAÇÃO SOCIAL

4ª edição – 2006
1ª reimpressão – 2018

Nenhuma parte desta obra poderá ser reproduzida ou transmitida por qualquer forma e/ou quaisquer meios (eletrônico ou mecânico, incluindo fotocópia e gravação) ou arquivada em qualquer sistema ou banco de dados sem permissão escrita da Editora. Direitos reservados.

Paulinas

Rua Dona Inácia Uchoa, 62

04110-020 – São Paulo – SP (Brasil)

Tel.: (11) 2125-3500

http://www.paulinas.com.br – editora@paulinas.com.br

Telemarketing e SAC: 0800-7010081

© Pia Sociedade Filhas de São Paulo – São Paulo, 1971

INTRODUÇÃO

1. A comunhão e o progresso da convivência humana são os fins primordiais da comunicação social e dos meios que emprega, como sejam: a imprensa, o cinema, a rádio e a televisão. Com o desenvolvimento técnico destes meios, aumenta a facilidade com que maior número de pessoas e cada um em particular lhes pode ter acesso; aumenta também o grau de penetração e influência na mentalidade e comportamento das mesmas pessoas.

2. A Igreja encara estes meios de comunicação social como "dons de Deus",[1] na medida em que, segundo intenção providencial, criam laços de solidariedade entre os homens, pondo-se assim ao serviço da sua vontade salvífica. Uma mais perfeita compreensão da comunicação social e do papel desempenhado pelos seus instrumentos na sociedade atual, é-nos dada por alguns documentos do Segundo Concílio Vaticano: pela Constituição *Sobre a Igreja no Mundo Hodierno,*[2] Decreto *Sobre o Ecumenismo,*[3] Declaração *Sobre*

[1] **Miranda Prorsus,** A.A.S., XXIV (1957), pág. 765.
[2] **Gaudium et Spes,** A.A.S., LVIII (1966), págs. 1.025-1.120.
[3] **Unitatis Redintegratio,** A.A.S., LVII (1965), págs. 90-112.

a Liberdade Religiosa,[4] Decreto *Sobre a Atividade Missionária;*[5] mas dum modo especial, pelo decreto consagrado exclusivamente a este tema.[6] Aquela maior compreensão, oferecida pela doutrina do Concílio, será, portanto, orientação para as atitudes que os cristãos hão de tomar perante os meios de comunicação social: será estímulo para um empenho mais profundo a seu respeito.

3. A presente Instrução Pastoral, que corresponde a um voto do Concílio,[7] desenvolverá princípios de doutrina e orientações pastorais, mas apenas nas suas linhas básicas, devido à contínua evolução e progresso a que está sujeita esta matéria, não descerá a aplicações de pormenor; tais aplicações só poderão ser feitas em função das circunstâncias particulares de tempo e lugar.

4. Para pôr em prática, portanto, esta Instrução, é necessária uma explicação e adaptação às condições particulares de cada povo e região. Tal tarefa pertence aos bispos e suas Conferências Episcopais ou Sínodos (nas Igrejas Orientais), que a desempenharão em espírito colegial — pedindo a colaboração de especialistas e dos conselhos diocesanos, nacionais e internacionais — e

---

[4] **Dignitatis Humanae,** A.A.S., LVIII (1966), págs. 929-946.
[5] **Ad Gentes,** A.A.S., LVIII (1966), 947-990.
[6] **Inter Mirifica,** A.A.S., VI (1964), págs. 145-157.
[7] Cf. **Inter Mirifica,** 23.

tendo sempre em vista a unidade de toda a Igreja. Para este fim, as Conferências Episcopais acolham e promovam a colaboração que sacerdotes, religiosos e leigos lhes poderão oferecer, cada um segundo seu talento; já que um adequado uso dos meios de comunicação social reverte em favor de todo o povo de Deus.

5. Espera-se que esta Instituição seja favoravelmente acolhida por todos os que se empenham no progresso da família humana e, em especial, por quem trabalha profissionalmente no campo da comunicação social. Desta forma, graças ao diálogo e à colaboração mútua, as vastas possibilidades dos meios de comunicação reverterão para o bem de todos.

PRIMEIRA PARTE

OS MEIOS DE COMUNICAÇÃO SOCIAL NA PERSPECTIVA CRISTÃ: ELEMENTOS DOUTRINAIS

6. Os meios de comunicação social, mesmo quando são dirigidos aos simples indivíduos enquanto tais, não deixam de atingir e afetar a toda sociedade humana.[1] Informam, com efeito, rapidamente um vasto público sobre tudo aquilo que se passa no mundo: acontecimentos, idéias, mentalidade. Revelam-se, portanto, como necessários nesta sociedade em que as solidariedades se multiplicam em intimidade e extensão. Daí a incidência que têm neste campo os princípios que regem, segundo a perspectiva cristã, a vida comum dos homens. Com efeito estes meios técnicos, têm como finalidade ideal, dar a conhecer os problemas e aspirações da sociedade humana, para que sejam satisfeitas o mais rapidamente possível, contribuindo assim para estreitar os laços de união entre os homens. Ora, este é o princípio fundamental que determina a avaliação cristã das

[1] Cf. **Inter Mirifica**, 1.

7

possibilidades que aqueles instrumentos oferecem à prosperidade do homem.

7. O cristão, pela visão que tem da história, do homem e da solidariedade humana, não pode deixar de descobrir um significado, no empenho pelo melhoramento das condições de vida, bem como nas recentes descobertas científicas e sucessos da técnica. Ele reconhece nestas realidades certa resposta — muitas vezes inconsciente — ao preceito de Deus: "Possuí e dominai a terra";[2] reconhece nelas também certa participação na ação criadora e sustentadora de Deus.[3] Ora, é precisamente nesta perspectiva que se colocam os meios de comunicação social, na medida em que divulgam a ciência entre os homens, pondo portanto em comum o seu esforço criador. Quando Deus com efeito fez o homem à sua imagem, deu-lhe também capacidade de participar no poder criador, em ordem à construção da cidade terrestre.[4]

8. Pela sua própria natureza, a comunicação social contribui para que os homens, comunicando entre si, adquiram uma consciência mais profunda da vida comunitária. E assim cada homem, unido a todos os seus irmãos, coopera nos

---

[2] Gn 1,26-28; cf. Gn 9,2-3; Sb 9,2-3 e **Gaudium et Spes,** 34.

[3] Cf. **Gaudium et Spes,** 34

[4] Cf. **Gaudium et Spes,** 57.

desígnos que Deus tem sobre a história,[5] como que levado pela mão divina. Por vez, esta união e solidariedade entre os homens, fim principal de toda comunicação, encontra segundo a fé cristã, seu fundamento e figura no mistério primordial da intercomunicação eterna entre o Pai, o Filho e o Espírito Santo, que vivem uma única vida divina.

9. É evidente portanto que os meios de comunicação muito podem contribuir para a união entre os homens. Onde, no entanto, há falta de consciência e boa vontade, o emprego destes meios é capaz de produzir precisamente o efeito contrário: poderá agravar os fatores de desinteligência e discórdia, com as suas tristes conseqüências; é freqüente com efeito verificarmos que determinados valores humanos são negados ou adulterados pelos meios de comunicação. Ao ver estes abusos, a consciência cristã não pode deixar de sentir a necessidade que o homem tem de ser libertado do pecado, que entrou no mundo desde a origem da humanidade.[6]

10. Quando, por própria culpa, o homem se separou de seu Criador, viu-se também separado dos seus irmãos. Perturbada com efeito a harmonia com o Criador, perturbada ficou a harmonia

---

[5] Cf. **Gaudium et Spes**, 36; **Pacem in Terris**, A.A.S., LV (1963), pág. 257 e passim.

[6] Cf. Rm 5,12-14.

com os irmãos e seguiram-se guerras, discórdias e impossibilidade de intercomunicação.[7] Porém, o amor de Deus persistiu, apesar da aversão do homem. Foi ele que desde o começo da história da salvação[8] entrou em diálogo com os homens; chegada a plenitude dos tempos, ele mesmo se nos comunicou diretamente,[9] e "o Verbo se fez Carne".[10] Cristo, o Filho Encarnado, Palavra e Imagem de Deus invisível,[11] pela sua morte e ressurreição, libertou o gênero humano, comunicando abundantemente a todos a verdade e a própria vida de Deus. Ele, único mediador entre o Pai e os homens, reconciliou a humanidade com Deus e restabeleceu a união entre os homens.[12] A partir de então, é em Deus feito homem, nosso Irmão, que se encontra o fundamento e o protótipo da comunicação entre os homens. Ordenou em seguida aos Discípulos que levassem a Boa Nova aos Homens de todo o tempo e lugar,[13] proclamando-a "à luz do dia" e "sobre os telhados".[14]

11. Durante a sua permanência na terra, Cristo manifestou-se como perfeito Comunicador.

[7] Cf. Gn 4,1-16; 11,1-9.
[8] Cf. Gn 3,15; 9,1-17; 12,1-3.
[9] Cf. Hb 1,1-2.
[10] Jo 1,14.
[11] Cl 1,15; 2Cor 4,4.
[12] Cf. **Ad Gentes,** 3.
[13] Mt 28,19.
[14] Mt 10,27; Lc 12,3.

Pela "Encarnação" fez-se semelhante àqueles que haviam de receber a sua mensagem; mensagem que comunicava com a palavra e com a vida. Não falava como que "de fora", mas "de dentro", a partir do seu povo; anunciava-lhe a palavra de Deus, toda a palavra de Deus, com coragem e sem compromissos; e no entanto adaptava-se à sua linguagem e mentalidade, encarnado como estava, na situação a partir da qual falava. Mas comunicar não é apenas exprimir idéias ou manifestar sentimentos; no seu mais profundo significado, é doação de si mesmo, por amor; ora, a comunicação de Cristo, é Espírito de Vida.[15] Assim, pela instituição da Eucaristia, Ele legou-nos a mais perfeita comunhão a que o homem na terra pode aspirar: a comunhão entre Deus e os homens, que traz consigo o mais alto grau de união dos homes entre si; comunicou-nos, em seguida, o seu Espírito vivificador, princípio de unidade e fermento de congregação.[16] Na Igreja, enfim, Corpo Místico e plenitude escondida de Cristo glorificado, o mesmo Cristo tudo abraça e tudo consuma,[17] integrados, pois, nesta Igreja e provocados pela Palavra e Sacramentos que nos comunica, caminhamos na esperança daquela comunhão definitiva, quando "Deus for tudo em todos".[18]

---

[15] Jo 6,63.

[16] Cf. **Lumen Gentium,** A.A.S., LVII (1965), n. 9, pág. 14.

[17] Ef 1,23; 4,10.

[18] 1Cor 15,28.

12. O cristão encara "as maravilhosas invenções da técnica"[19] que garantem a comunicação social entre os homens, como instrumento dos planos de Deus para promover as relações sociais durante nossa vida na terra. Tais meios geram novas relações; surge linguagem nova, que torna o homem mais consciente de si mesmo e da pessoa do outro. A compreensão mútua e a boa vontade recíproca desabrocham naturalmente na justiça, na paz na benevolência, na ajuda mútua, no amor e finalmente na comunhão. É por isso que os meios de comunicação social constituem um dos mais válidos recursos de que o homem pode usar para fomentar o amor, fonte de união.

13. Portanto, todos os homens de boa vontade são convidados a um trabalho conjunto, para que os meios de comunicação social contribuam para a procura da verdade e para o verdadeiro progresso humano. Nesta realização, o cristão confirma sua fé, dado que o Evangelho por ela proclamado vai ao encontro deste objetivo; Evangelho que podíamos dizer, é provocador da fraternidade entre os homens, na consciência da paternidade de Deus. A união mútua e a colaboração criadora dos homens apóiam-se, em última análise, na sua livre vontade, a qual, por sua vez, é condicionada por fatores psicológicos, sociológicos

[19] **Inter Mirifica**, 1.

e técnicos. É a liberdade humana que determina a importância e o significado último dos meios de comunicação.

14. Se é o homem quem decide o modo de usar os meios de comunicação, então os princípios morais aqui em causa baseiam-se numa justa consideração da dignidade do mesmo homem, chamado a fazer parte da comunidade dos filhos adotivos de Deus. Por outro lado, estes princípios derivam da natureza íntima da comunicação social e das qualidades próprias de cada um dos seus meios. Esta mesma conclusão se deduz da Constituição Pastoral "Gaudium et Spes": "pelo fato de terem sido criadas, todas as coisas possuem consistência, verdade, bondade e leis próprias que o homem deve respeitar".[20]

15. Para que os meios de comunicação sejam devidamente enquadrados na história da Criação e Encarnação redentora, e seja possível avaliar da sua moralidade, torna-se necessário, por um lado, encarar o homem na sua totalidade e, por outro, conhecer bem a técnica da comunicação social. Os comunicadores (isto é, os que profissionalmente empregam estes meios) devem, segundo a própria consciência, procurar ser competentes, no reto desempenho da sua profissão;[21]

[20] **Gaudium et Spes,** 36.
[21] Cf. **Gaudium et Spes,** 43.

dever este que aumenta proporcionalmente com a responsabilidade de determinado cargo na qualidade final de transmissão. Máxima competência se pede finalmente daqueles a quem toca iluminar o juízo do público, sobretudo quando este não tem suficiente maturidade ou preparação cultural.

Todos os esforços, portanto, são poucos para cuidar a informação, de tal modo que, quem usa estes meios lendo, vendo ou ouvindo, possa interpretar correntemente o que recebe, e exercer em seguida a parte ativa que lhe compete na vida social; só deste modo, com efeito, aqueles meios de comunicação podem alcançar a sua plena eficácia.

16. A apreciação global dos diversos meios, num lugar determinado, deve ser feita segundo o contributo que prestam ao bem comum,[22] isto é, se pela qualidade da informação e emissões culturais ou recreativas, contribuem para a vida e progresso da sociedade. As notícias transmitidas, por exemplo, deverão constar não tanto de "acontecimentos brutos" e como que tirados do contexto; mas de acontecimentos de tal modo "situados"

---

[22] Bem comum que **Mater et Magistra** define com as seguintes palavras: "O conjunto... de todas aquelas condições de vida, que permite ao homem conseguir a sua perfeição mais plena e facilmente". A.A.S., LIII (1961), pág. 417. Cf. também **Pacem in Terris**, A.A.S., LV (1965), págs. 272-274; **Dignitatis Humanae**, 6; **Gaudium et Spes**, 26 e 74.

que os destinatários possam cair bem na conta dos problemas da sociedade, e assim possam trabalhar para a sua solução. Por outro lado, reta proporção deve ser mantida, não só entre notícias oficiais, instruções escolares e divertimentos, mas também entre formas mais ligeiras ou mais sérias de ocupar o tempo livre.

17. Toda a comunicação deve obedecer à lei fundamental da sinceridade, honestidade e verdade. Não basta portanto a reta intenção e a boa vontade para que a comunicação seja, ipso facto, positiva; deve apresentar os fatos segundo a realidade, isto é, dar uma imagem fiel da situação, conforme a sua verdade interna. Por outro lado, o mérito e validade moral de uma comunicação não depende só do assunto ou do conteúdo intelectual, mas também do tom e estilo com que se comunica, da linguagem e meios de persuação que se empregam, das circunstâncias do momento, e finalmente do tipo mesmo de público a que se dirige.[23]

18. Um mais profundo conhecimento e simpatia entre os homens, bem como cooperação no trabalho criador de valores, que a comunicação social pode eficazmente promover; são também valores, que estão em harmonia com os próprios fins do Povo de Deus, o qual lhes dará, por sua

[23] Cf. Inter Mirifica, 4.

vez, nova força e plenitude. "Promover a unidade é, efetivamente, algo que se harmoniza com a missão essencial da Igreja, pois ela é, em Cristo, como que o Sacramento ou sinal e instrumento da íntima união com Deus e da unidade de todo o gênero humano."[24]

[24] Gaudium et Spes, 42; Lumen Gentium, 1.

SEGUNDA PARTE

OS MEIOS DE COMUNICAÇÃO SOCIAL COMO FATORES DO PROGRESSO HUMANO

CAPÍTULO PRIMEIRO

AÇÃO DOS MEIOS DE COMUNICAÇÃO NA SOCIEDADE HUMANA

19. Os modernos meios de comunicação reúnem os homens do nosso tempo, como que em mesa-redonda, para o convívio frateno e a ação comum. Na verdade, estes meios suscitam e difundem por toda a parte relações entre os homens e promovem diálogo público e universal. A torrente de informação e opinião, assim movimentada, faz de cada homem um participante no drama, nos problemas e dificuldades do gênero humano; participação que cria, por sua vez, as condições necessárias para compreensão mútua, que conduz ao progresso de todos.

20. Os meios de comunicação, com os seus rápidos progressos, vão abatendo barreiras que o espaço e o tempo levantaram entre os homens;

apresentam-se portanto como fatores de proximidade e de comunhão. Graças a eles, notícias e conhecimentos de toda a ordem circulam continuamente por toda a terra, permitindo aos homens seguir muito mais ativamente a vida do mundo de hoje. Graças também a eles, novas oportunidades surgiram para a divulgação do ensino a todos os níveis; novas oportunidades sobretudo para a luta contra o analfabetismo e para a instrução elementar ou educação permanente. Muito podem contribuir também para a promoção e libertação humana nos países menos desenvolvidos. Estabelecem e preservam, além disso, maior igualdade entre os homens, de modo que todas as camadas sociais possam usufruir dos mesmos benefícios culturais e recreativos. Enriquecem finalmente o espírito, pondo-o em contacto, pelo som e pela imagem, com a realidade concreta, ou dando-lhe a possibilidade de reviver situações remotas, quanto a tempo ou lugar. E quando numa região não existe cultura literária, os cidadãos — conservando sempre o apreço pelos valores e costumes da sua cultura tradicional — terão mais rapidamente ao seu dispor os benefícios da sociedade moderna.

21. São portanto grandes as virtualidades que contém os meios de comunicação social, em ordem à promoção eficaz do progresso humano; virtualidades de tal ordem que vale a pena o esforço de superação das dificuldades que elas mes-

mo implicam. Por este esforço de superação sintam-se responsáveis tanto os que dirigem a comunicação como os que a recebem. Alguns exemplos de tais problemas: como conseguir que o contínuo, rápido e por vezes desordenado afluxo de notícias seja assimilado e avaliado criticamente? Os meios de comunicação social, em virtude da sua mesma natureza, dirigem-se ao grande público; portanto, para não ferir alguns setores deste público, opta-se por uma certa neutralidade; como é que então, numa sociedade pluralista, o indivíduo conseguirá discernir entre o verdadeiro e o falso, o bem e o mal? Como impedir que a livre concorrência, no seu desejo de captar a simpatia do público, não vá estimular as tendências menos nobres da natureza humana? Como evitar a concentração dos meios de comunicação nas mãos de alguns — autêntico obstáculo para o diálogo? Como deverão ser usados estes instrumentos, de tal modo que a comunicação feita por meios artificiais não vá prejudicar o contacto interpessoal — sobretudo quando é feita através da imagem? Convidando estes meios, tantas vezes, à evasão e ao sonho, como impedir que o homem se demita do seu empenho na realidade? Que fazer para que o homem não caia numa certa apatia e preguiça mental? Finalmente, como evitar que o contínuo apelo à emoção não desequilibre a razão?

22. Ninguém duvida que, em muitos setores da vida moderna, se verificou uma decadên-

cia moral, que preocupa todos os homens de boa vontade. É fácil ver sinais desta decadência em todos os meios de comunicação social; mas que parte desempenharam concretamente neste processo? Há divergências de opiniões: uns pensam que os meios em questão simplesmente divulgaram costumes já viventes na sociedade; outros, pelo contrário, afirmam que, ao propagarem como normais tais tendências, os meios de comunicação contribuem para a sua aceitação da parte do público. Outros, por fim, atribuem-lhes particularmente toda culpa. De qualquer modo não se pode negar que a sociedade é afetada por tais males. Para melhorar esta situação muito podem contribuir os pais, os professores, os conselheiros espirituais, enfim, todos os que se preocupam pelo bem comum. Nesta perspectiva, os próprios meios de comunicação podem desempenhar um grande papel. No entanto, não se lhes pode exigir que deixem de manifestar a vida e os costumes da sociedade atual.

23. Para melhor conhecer as vantagens dos meios de comunicação e melhor superar os seus inconvenientes, impõem-se considerar mais detalhadamente em que medida eles influenciam a vida da sociedade.

1. OPINIÃO PÚBLICA

24. Os meios de comunicação são uma espécie de praça pública, onde se trocam impressões espontaneamente. A expressão das diferentes opiniões, assim confrontadas contribui para o enriquecimento e progresso da vida social.

25. Toda a pessoa tende a exprimir abertamente a sua opinião, sentimentos e emoções, para provocar e partilhar de costumes e mentalidades comuns; daí nasce a "opinião pública",propriedade característica da natureza social do homem. Já Pio XII descrevia a opinião pública como "eco natural dos acontecimentos e situações atuais, repercutindo mais ou menos espontaneamente no espírito e razão do homem."[1] Ora, a liberdade de exprimir a própria opinião é elemento indispensável na formação da opinião pública; pois só assim as opiniões manifestadas revelam o modo de pensar dos grupos mais importantes em determinadas condições de lugar, tempo e cultura.

26. A liberdade, que garante a cada um a expressão das próprias idéias e sentimentos, é algo de essencial para a formação adequada da opinião pública. Impõe-se, pois, reafirmar, com o Concílio Vaticano II, que a liberdade de expres-

---

[1] Na alocução aos Jornalistas Católicos, do dia 17 de fevereiro de 1950. A.A.S., XLII (1950), pág. 251; Cf. também **Gaudium et Spes**, 59; **Pacem in Terris**, A.A.S., LV (1963), pág. 283.

são, dentro dos limites da moralidade e do bem comum, é um direito dos indivíduos e dos grupos.[2] Uma vez que a cooperação de todos é indispensável para que a vida social progrida, torna-se necessário o livre confronto das opiniões mais importantes. Umas serão admitidas, outras rejeitadas ou aperfeiçoadas, outras finalmente completadas mutuamente e adaptadas. As idéias mais válidas e constantes, provenientes deste processo, lançarão as bases para uma ação comum.

27. Daí a responsabilidade do papel desempenhado pelos "comunicadores": no recolher, elaborar e divulgar opiniões, muita influência podem ter para que estas sejam confrontadas com juízo crítico e livre.

28. Todos os cidadãos são chamados a prestar o seu contributo à reta formação da opinião pública, pessoalmente ou por meio dos seus representantes.[3] Na formação desta opinião é sobretudo grande o influxo daqueles que em virtude do seu cargo, qualidades naturais ou por outros motivos, exercem influência na sociedade. Os seus deveres de contribuição ativa neste campo serão tanto maiores quanto maior for a influência que poderão exercer.

[2] **Gaudium et Spes,** 59.
[3] **Inter Mirifica,** 8.

29. Campanhas e propagandas só serão lícitas na medida em que os seus objetivos e métodos sejam conforme à dignidade do homem, estejam ao serviço da verdade, ou das causas que contribuem para o bem comum dessa nação e do mundo inteiro, dos indivíduos e dos grupos.

30. Há tipos de propaganda absolutamente inadimissíveis e diretamente opostos ao bem comum: propagandas, por exemplo, que usão métodos de persuação onde uma resposta pública e aberta não é possível; que deturpam a realidade ou difundem preconceitos; que espalham meias verdades, instrumentalizam a informação ou omitem elementos importantes. Todos estes métodos, enfim, que inibem a liberdade de discernimento crítico devem ser rejeitados. Este problema é tanto mais grave, quanto certas ciências humanas, por exemplo a psicologia e o próprio progresso dos métodos de comunicação social, conferem cada vez mais poder e influência às técnicas da propaganda.

31. Nem tudo o que atinge publicidade deve ser considerado "ipso facto" como expressão da opinião pública, a qual se diz respeito a grande número de pessoas. De fato, opiniões divergentes podem coexistir, embora uma delas tenha o apoio da maioria — o que não quer dizer necessariamente que seja a mais válida. De resto, a mesma opinião pública está sujeita a flutuação, o que nos impõe certa reserva ante idéias que em de-

terminado momento estão em voga; bem depressa, com efeito, poderemos ter motivo fundado para as não aceitar.

32. No entanto, opiniões muito difundidas, por exprimirem o pensamento e vontade do público, devem ser atentamente ponderadas; tal atenção exige-se sobretudo das autoridades tanto civis como religiosas.

2. DIREITO À INFORMAÇÃO E DIREITO DE INFORMAR

33. Para uma boa formação da opinião pública, é necessário que a todos seja facultado o acesso às fontes e canais de informação bem como a possibilidade de livre expressão. A liberdade de opinião e o direito a informação implicam-se mutuamente. João XXIII,[4] Paulo VI[5] e o Concílio Vaticano II[6] proclamaram abertamente este direito, essencial ao indivíduo e à sociedade de hoje.

a) *Acesso às Fontes e Canais de Informação*

34. O homem moderno precisa de informação completa, honesta e precisa. Em primeiro

---

[4] Cf. **Pacem in Terris,** A.A.S., LV, (1963), pág. 263.

[5] Cf. Alocução do dia 17 de abril de 1964 ao " Séminaire des Nations Unies sur la liberté de l'information" A.A.S., LVI (1964), págs. 387 ss.

[6] Cf. **Inter Mirifica,** 5.

lugar, para se situar nas contínuas vicissitudes do mundo em que vive. Em seguida, para se poder adaptar às novas circunstâncias e condições que exigem da sua parte decisões convenientes. Só assim poderá ele desempenhar lugar ativo na sua comunidade, participando na vida econômica, política, social, cultural e religiosa. Ao direito proveniente destas exigências, corresponde o dever recíproco de se informar; com efeito, aquele direito não poderá ser exercido, se o homem for mero "objeto" da informação em vez de "sujeito" que ativamente a busca. Esta a razão pela qual é necessário que o homem disponha de suficiente recursos e meios de informação para que possa escolher livremente os que mais satisfazem as suas exigências individuais e sociais. É pois contraditório falar do exercício deste direito, se não houver diversidade real das fontes de informação disponíveis.

35. A própria sociedade, para que em todas as suas dimensões seja convenientemente organizada, necessita de tal acesso ao conhecimento da realidade e de cidadãos bem informados. Assim, o direito à informação não é somente prerrogativa do indivíduo, mas é exigida pelo próprio bem comum.

36. Quem por profissão, tem o dever de informar o público, desempenha duro e importante trabalho, alvo de freqüentes críticas, provenientes, muitas vezes, de pessoas interessadas em

ocultar a verdade. É o caso, por exemplo, dos repórteres, que fazem grandes viagens para acompanhar de perto e relatar acontecimentos atuais.[7] Quando, pois, procuram presenciar os "acontecimentos tais quais se verificam",[8] arriscam muitas vezes a vida e não são poucos os que já caíram no cumprimento deste seu dever. Já que os homens têm direito à informação, sobretudo quando se trata de situações de conflito ou de guerra, que pertubam e angustiam a consciência humana, a segurança daqueles repórteres que permitem seguir estes acontecimentos deve ser a todo o custo garantida. A Igreja, portanto, reprova e denuncia toda a espécie de violência exercida contra estes jornalistas ou outros informadores que, pelo seu trabalho de recolha de notícias, tornam possível o direito dos homens à informação acima referido.

37. Para todos é difícil captar integralmente a verdade e ser fiel na sua exposição. No caso dos jornalistas a dificuldade é ainda agravada, já pelo fato de o seu campo ser a "notícia", isto é, algo que não permite distância pois ou "acaba de acontecer" ou se revela de utilidade imediatamente presente: acresce ainda, que da imensa afluência de notícias, se vêem obrigados a julgar as que

---

[7] Pio XII na Alocução aos Jornalistas Americanos, do dia 21 de julho de 1945. **L'Osservatore Romano,** 22-VII-45.

[8] Idem, 27 de abril de 1946. **L'Osservatore Romano,** 28-IV-46.

lhes parecem de maior importância ou forem mais relevantes para o público: donde o perigo de não revelar a verdadeira importância do acontecimento, ou de dar apenas informação parcial.

38. A "notícia" portanto, tem de ser dada rápida, íntegra e compreensivelmente. Para esse fim procuram os jornalistas, cada vez mais, encontrar especialistas que possam comentar essas notícias, esclarecê-las e valorizá-las. Muitas vezes tais comentários são pedidos imediatamente, ou até, antes que determinado acontecimento previsto tenha tido lugar. Contudo, não faltam pessoas de responsabilidade que, séria e conscientemente, sintam justa repugnância em comentar apressadamente os acontecimentos, cujo contexto não tiveram possibilidade de investigar plenamente. Mas como a natureza da comunicação exige comentário imediato, surgem muitas vezes pessoas menos responsáveis e competentes, que se prestam voluntariamente a este gênero de trabalho. Os verdadeiros especialistas num determinado assunto evitarão que tais fatos aconteçam, procurando documentar-se o mais rapidamente possível, de modo a poderem ser eles a comentarem a notícia e assim melhor informarem o público.

39. Ainda outra dificuldade com respeito à pressa na difusão da notícia; dois fatores suplementares vêm exigir rapidez: em primeiro lugar a necessidade do inédito para que se possa inte-

ressar o público; em segundo lugar, a concorrência com os outros meios de informação. Tal pressa, embora necessária, pode por vezes impedir o cuidado e a fidelidade da narração. Acresce que o jornalista tem de ter em conta os gostos e a cultura do público, bem como seus centros de interesse. É pois no meio, de tais dificuldades que tem de difundir a notícia; dificuldades porém que não podem diminuir o seu dever de fidelidade à verdade.

40. A estas dificuldades, provenientes da própria natureza da informação dos meios de comunicação, ajuntam-se outras de natureza diferente. Por um lado, o jornalista deve fazer uma reportagerm que desperte a atenção de um público muitas vezes apressado e solicitado em muitas direções. Por outro lado, não deve ceder a tentação do sensacionalismo, dando demasiado realce a certas notícias, tirando-as do seu contexto, ou exagerando-as de qualquer modo.

41. Os "destinatários", por sua vez recebendo dados tão dispersos, podem ficar com uma idéia deturpada e inadequada do conjunto. A exatidão, até certo ponto, poderá ser restabelecida se os "destinatários" têm à sua disposição notícias provenientes de várias fontes; o que, no entanto, jamais dispensa juízo crítico. Por outro lado, quem recebe as notícias, deve ter presente a condição dos profissionais da informação e não exigir deles uma perfeição para além das suas possibilida-

des humanas. Contudo, têm o direito e o dever de exigir a retificação rápida e clara duma notícia falsa ou alterada, de assinalar possíveis omissões e de protestar, sempre que um acontecimento é desvirtuado ou dado fora do contexto, exagerado ou minimizado. Este direito dos "receptores" deve ser citado no regulamento profissional dos "comunicadores", ou na sua falta, nas leis nacionais ou acordos internacionais.

42. Contudo, o direito à informação tem de ser limitado sempre que outros direitos se lhe opuserem. Por exemplo: o direito da verdade, que protege o bom nome dos indivíduos e da sociedade; o direito que têm os indivíduos e famílias a que a sua vida privada seja respeitada;[9] o direito ao segredo, se as necessidades, o dever profissional ou o bem comum, o exigem. Informar, quando está em causa o bem comum, exige sempre prudência e discernimento.

43. A informação sobre atos de crueldade ou violência requerem um tacto especial. Ninguém duvida que a crueldade é uma ofensa à vida humana e que se verifica hoje talvez mais do que nunca. Podem-se relatar tais acontecimentos, de modo a inspirar reprovação. Mas se a sua descrição é demasiado freqüente ou realista, há o peri-

---

[9] "Quanto ao modo tem que ser honesta e conviniente, isto é, que respeite as leis morais do homem, os seus legítimos direitos e dignidade, tanto na detenção da notícia como na sua divulgação". **Inter Mirifica**, 5.

go de perverter o valor da vida humana; também pode daqui resultar, segundo o parecer de numerosos especialistas, uma espécie de psicose ou hábito mental, que aceite a força e a violência como meio normal para resolver conflitos.

b) *Liberdade de comunicação*

44. Ao direito a ser informado corresponde a liberdade de comunicar. A vida social apóia-se nas relações e diálogo permanente entre indivíduos e grupos, o que é indispensável para uma ação e cooperação mútuas. Ora, os "meios de comunicação" vêm dar nova densidade a este mútuo diálogo; não só, como a própria expressão o indica, porque são fatores de comunhão, mas porque vêm dar possibilidade a um número de homens sempre crescente de participar na vida e progresso social.

45. A natureza social do homem exige que ele tenha possibilidade de exprimir o seu pensamento e de o confrontar com outros; e hoje mais do que nunca, uma vez que o saber humano progride mais pelo trabalho de grupo que por esforços isolados do indivíduo. Sempre portanto que os homens, segundo a tendência da sua natureza, comunicam entre si opiniões ou conhecimentos, não exercem apenas um direito pessoal, mas um dever para com toda sociedade.

46. As chamadas sociedades pluralistas, que admitem no seu âmbito diversidade de partidos, compreende bem a importância que tem a livre difusão de notícias e opiniões para que os cidadãos possam participar ativamente na vida social; procuram, portanto, salvaguardar esta liberdade por meios de leis. A Declaração Universal dos Direitos do Homem, por sua vez, proclamou esta liberdade como essencial, o que implicitamente equivale a exigir a liberdade, antes de mais, dos meios de comunicação.

47. Na prática da vida social, este direito de comunicação implica a possibilidade, para indivíduos e grupos, de obter e difundir notícias — o que implica livre acesso aos meios de comunicação. Mas tal liberdade de comunicar terá de ter em conta determinados limites, alguns deles incluídos precisamente no próprio direito de comunicar; de outro modo, a informação passaria a depender da satisfação dos gostos do informador, mais do que do verdadeiro interesse do público.

3. EDUCAÇÃO, CULTURA E TEMPO LIVRE

48. Os meios de comunicação social tem um papel cada vez mais importante no vasto domínio da educação. Em muitos países, os meios audiovisuais, os "videocassetes", a rádio e a televisão, tornaram-se instrumentos de ensino, possi-

bilitando uma maior divulgação do trabalho dos especialistas. Noutras partes, estes meios são utilizados como complementos dos métodos habituais de ensino, dando aos adultos a possibilidade de atualizar a sua instrução.nas regiões com poucas possibilidades de escolarização, oferecem vantagens sobre diversos aspectos: educação religiosa, formação de base, luta contra o analfabetismo, ensino de técnicas agrícolas, medicina, higiene e métodos de desenvolvimento comunitário. Na medida do possível, tal trabalho deveria promover a criatividade e apresentar-se como verdadeiro diálogo. Deste modo, o aluno não se limitaria a amontoar conhecimentos mas aprenderia a exprimir-se, utilizando estes mesmos meios.

49. Acresce ainda que os meios de comunicação social, sendo, já em si mesmos, elemento e manifestação da cultura moderna, põem além disso à disposição de grande parte da sociedade (e, brevemente, talvez da sociedade inteira) as grandes obras artísticas e culturais da humanidade. Enriquecimento este que pertence tanto ao autêntico progresso da sociedade humana, como à abolição das desigualdades econômico-sociais.

50. Uma vez que estes meios contribuem grandemente para o enriquecimento da cultura contemporânea, os informadores devem ter presente que todos os homens têm direito a esta cultura. Portanto, não hesitam em usar os chamados "Mass Media" para que possam atingir públi-

co mais numeroso. Tais meios permitem ainda responder às necessidades e interesses dos diferentes campos da cultura, na medida em que apresentam, de modo competente e interessante, o fruto das diversas artes liberais. Qualquer homem poderá assim facilmente, usando estes meios, enriquecer a sua cultura, contanto que mantenha sempre uma atitude crítica, e freqüente confronto de pontos de vista com outras pessoas.

51. Exemplo da potencialidade cultural oferecida por estes meios é o serviço prestado ao folclore tradicional de povos, em que contos, teatro, canções e danças, exprimem ainda antiga e valiosa herança cultural. Em virtude dos seus recursos técnicos, os meios de comunicação podem difundir estes genuínos valores humanos, permitindo a sua visão ou audição repetida, e fazendo-os presentes, mesmo nos lugares onde tais tradições já desapareceram. Deste modo, contribuem para vincar em cada nação o sentido da própria identidade cultural e possibilitam que também outras regiões ou culturas os possam apreciar.

52. Não se pode esquecer que o primeiro objetivo de muitas obras-primas — em música, teatro ou literatura — foi divertir ou entreter o público; tais diversões, portanto, muito podem contribuir para a cultura.[10] Ora, nos tempos de

[10] Cf. **Miranda Prorsus**, A.A.S., XXV (1957), pág. 765.

hoje, graças aos meios de comunicação, as melhores manifestações artísticas estão à disposição, para descanso e prazer, de um número crescente de pessoas que deles têm necessidade no meio de sociedade tão complicada. É importante tal descanso, enquanto liberta o homem do peso das preocupações cotidianas e ocupa, de modo útil, o tempo livre. Presta portanto grande serviço aos nossos contemporâneos a variedade de iniciativas que contribuem para a ocupação dos tempos livres. Deverão, contudo, os leitores ou espectadores saber-se regular, de modo que não se deixem absorver pela beleza ou curiosidade e venham a descuidar os seus deveres principais ou perder tempo.

53. Os meios de comunicação são uma novidade para a humanidade de hoje, uma vez que se dirige simultâneamente a um número incontável de pessoas. Podem, sem dúvida, enriquecer a humanidade, mas também a podem empobrecer, quando se adaptam às exigências menos sérias e dignas dos ouvintes ou leitores. Quando o homem lhe dedica demasiado tempo, facilmente fica impedido de ocupar as suas capacidades em objetivos mais exigentes. Finalmente, a apresentação contínua de obras fáceis e leves corre o risco de diminuir o gosto e a exigência dos que já adquiriram um nível superior de cultura. Contudo, podem-se evitar estes perigos se os "comunicadores", a um são cuidado de promover a cultura, unirem competência pedagógica. Pois é um fato, que os

meios de comunicação têm todos os recursos para produzir obras do mais alto nível artístico, e estas não são necessariamente as mais difíceis de seguir, ou as menos acessíveis à maioria do público.

4. GÊNEROS ARTÍSTICOS

54. Os meios de comunicação não só propagam as formas tradicionais de arte, mas também fazem nascer gêneros artísticos novos; a rede de comunicações abraça o mundo inteiro e duplica o processo de relações entre os povos. É normal, portanto, que tanto comunicadores como os seus destinatários procurem adquirir um gosto verdadeiramente universal; gosto que os torne aptos a apreciar e adimitir tanto as formas tradicionais de expressão, como atuais; tanto as expressões de outros povos como as de outras culturas, ou mesmo subculturas dentro de certas áreas de civilização.

55. A importância e valor humano da obra de arte deve ser convenientemente reconhecida. Com efeito, a beleza eleva espontâneamente o espírito do que a contempla; por outro lado, qualquer produção artística pode apresentar e significar profundamente a condição humana; pela percepção sensível, torna possível a descoberta das realidades espirituais; permite ao homem um

melhor conhecimento de si mesmo; conhecimento que se deve buscar não só no campo das artes e letras, mas também no campo moral e religioso. "É um fato que vós, escritores e artístas, descobris na condição humana, por humilde e triste que seja, um aspecto de bondade e imediatamente um vislumbre de beleza ilumina a vossa obra. Não vos pedimos que vos comporteis como moralistas. Temos no entanto confiança no vosso poder misterioso de descobrir o maravilhoso campo de luz que está para além do mistério da vida humana."[11]

56. Para penetrar no espírito de uma dada época, é necessário conhecer a sua história, literatura e obras de arte, expressões que revelem de modo transparente, e muitas vezes mais exato que uma discrição intelectual, o gênio e a índole de um povo, os seus desejos, aspirações e pensamentos. Pois mesmo quando os artístas, seguindo a sua fantasia criadora, prescindem da realidade concreta, podem alcançar intuições profundas sobre a natureza e condição humana. E as próprias obras de ficção, em que o talento do autor representa a vida e atividades do homem num quadro fictício, atingem, à sua maneira, regiões esquecidas da verdade. Embora os acontecimentos não sejam reais, a realidade é também

[11] Paulo VI: Alocução do dia 6 de maio de 1967, a atores de Teatro, Cinema e Televisão A.A.S., LIX (1967), pág. 509.

atingida, na medida em que se inspiram em elementos autênticos da natureza humana.[12] Além disso, estas obras tocam a fonte do dinamismo humano, apresentando sugestões e intuições originais sobre orientações futuras do progresso do homem.

57. Dizia Pio XII que a vida humana "não pode ser compreendida, sobretudo nos seus conflitos mais violentos, se não se têm presentes os crimes e vícios que estão na sua origem.Não poderá então um bom filme tomar o estudo de tais fatos como argumento? Grandes poetas e escritores de todos os tempos e nações trataram destes assuntos penosos e crus e continuarão a fazê-lo no futuro... Sempre que a luta com o mal, mesmo quando este triunfa temporariamente, é tratada dentro do contexto da obra como um todo, em ordem a uma compreensão mais alta da vida humana e seus valores morais, ou em ordem a um esclarecimento e confirmação de princípios honestos de conduta e de juízo, nesses casos, poder-se-á sempre escolher tal assunto como parte integrante do desenvolvimento de todo o filme. No campo cinematográfico, aplica-se portanto o mesmo critério e norma de qualquer obra literária."[13]

[12] Cf. Pio XII: Alocução do dia 21 de junho de 1955, aos artistas italianos de cinema reunidos em Roma. A.A.S., XXII (1955), pág. 509.

[13] Pio XII: Alocução do dia 28 de outubro de 1955, aos artistas de cinema, reunidos em Roma para o Congresso Internacional. A.A.S., XXII(1955), págs. 822-823.

Tal obra de arte pode, por conseguinte, contribuir para o progresso moral; pois, se é certo que são nitidamente distintos, os valores morais e artísticos não se excluem entre si; pelo contrário, ambos se exigem mutuamente e se confirmam.

58. Uma obra de arte pode levantar por vezes problemas de ordem moral, quando os espectadores são incapazes de compreender plenamente determinadas dimensões do mal, em virtude da sua idade, ignorância ou formação deficiente. O artista pode, sim, ter presente a vida humana no seu conjunto, com seus aspectos bons e maus; mas não tem presentes todos os espectadores. Requer-se portanto discernimento e prudência quando uma obra de arte se dirige a um público hetereogêneo, sobretudo quando se trata do confronto do homem com o mal.

5. PUBLICIDADE

59. A importância da publicidade na sociedade moderna é cada vez maior. Por toda parte faz sentir a sua presença, de maneira que não podemos escapar à sua influência. É certo que pode prestar múltiplos benefícios: informa os compradores sobre os gêneros e serviços que se encontram no mercado; promove uma maior distribuição dos produtos, contribuindo assim para o que não pode deixar de reverter em bem de todo

o povo. Benefícios portanto inteiramente aceitáveis, contanto porém que se respeitem duas condições: primeiro, que fique sempre salvaguardada a liberdade de escolha — mesmo quando se apela a necessidades primárias do consumidor para estimular a compra; segundo, que ao fazer valer o produto não se saia da verdade própria deste tipo de comunicação.

60. Se, porém, os anúncios publicitários aconselham produtos nocivos ou totalmente inúteis, se fazem promessas falsas a cerca do produto a vender, ou se exploram tendências menos nobres do homem, os seus responsáveis prejudicam a sociedade e perdem o crédito e a confiança. Por outro lado, estimular necessidades falsas, prejudica indivíduos e famílias, os quais, instados pela oferta de artigos de luxo, podem ficar desprevenidos para as necessidades fundamentais. Sobretudo deve-se evitar a publicidade que fere o pudor, explora o instinto sexual para fins comerciais ou influencia o subconsciente, de tal modo a violentar a liberdade dos compradores. Por conseguinte, os próprios agentes de publicidade estabeleçam limites à sua ação, de tal modo que a venda de certos produtos não ofenda a dignidade humana e prejudique a comunidade.

61. Em contraposição, o uso prudente da publicidade pode contribuir para o melhoramento do nível de vida dos povos em via de desenvolvimento. Mas pode também causar-lhes grave

prejuízo, se a publicidade e a pressão comercial se torna de tal maneira irresponsável, que as comunidades, que se esforçam por sair da pobreza e elevar seu nível de vida, vão procurar o progresso na satisfação de necessidades que foram criadas artificialmente. Deste modo, grande parte dos seus recursos são desaproveitados, ficando relegado, para último lugar,o autêntico desenvolvimento e a satisfação das verdadeiras necessidades.

62. As grandes somas de dinheiro gastas na publicidade, ameaçam até os próprios fundamentos dos meios de comunicação. O público, com efeito, fica às vezes com a impressão de que a função de tais meios se reduz praticamente a estimular as necessidades do homem, fazendo-o comprar artigos divulgados. Além disso, dada a pressão e procura econômica, é ameaçada a liberdade dos meios de comunicação. Pois, por um lado, é verdade que estes só podem muitas vezes subsistir economicamente devido aos subsídios da publicidade o que, por outro lado, vai abrir a porta aos monopólios, prejudicando o direito à informação e dificultando o intercâmbio e diálogo social. Portanto, é preciso salvaguardar o chamado pluralismo, no uso dos meios de comunicação, até por meio das leis apropriadas, se preciso for; pluralismo tanto mais necessitado de ser defendido, quanto em geral a publicidade dirige os seus investimentos para os meios de comunicação mais favorecidos.

CAPÍTULO SEGUNDO

CONDIÇÕES IDEAIS PARA A SUA AÇÃO

63. Para que os meios de comunicação estejam realmente ao serviço do homem, é preciso ter em conta no seu funcionamento e antes de tudo, a importância do fator humano; fator que está muito para além dos admiráveis recursos e instrumentos mecânicos e eletrônicos. Não é, com efeito, automaticamente que é exercido o papel que cabe a estes meios na sociedade. Comunicadores e ouvintes, ou espectadores, devem-se instruir e saber utilizar todos os recursos dos meios de comunicação, tendo em conta as responsabilidades individuais e coletivas de cada um. Tanto as autoridades civis, como os dirigentes eclesiásticos e os educadores devem desempenhar o seu papel, de modo que o bem comum, para o qual tais instrumentos podem contribuir, se realize plenamente.

1. FORMAÇÃO

64. É preciso, em primeiro lugar, estimular o conhecimento dos princípios que regem o uso dos meios de comunicação; tais princípios, como os que têm sido desenvolvidos nesta Instrução, é

evidente que todos os homens os devem conhecer. Se, com efeito, compreenderem bem a sua índole e função, estes meios de comunicação podem contribuir para um verdadeiro crescimento do espírito; se, pelo contrário, só superficialmente captarem a sua incidência, a sua própria liberdade pode vir a sofrer. Por isso, a educação deve incluir princípios bem definidos para cada um dos meios de comunicação e respectivo papel na comunidade local, bem como a melhor maneira de os utilizar, tendo sempre em vista o bem do homem e da sociedade.

a) *Os que recebem a comunicação*

65. Os que recebem a comunicação devem possuir a formação básica que lhes permita tirar o maior proveito possível dos meios de comunicação social; formação que contribuirá não só para o próprio benefício, mas também para que todos possam participar no grande diálogo da sociedade e todos possam colaborar no trabalho comum da humanidade; só assim se descobrirão os caminhos que possam pôr estes meios ao serviço da justiça entre as nações, eliminando a enorme desigualdade entre povos ricos e pobres.

66. Portanto,é preciso que a formação seja acessível a todos e adaptada à sua maturidade. O processo de educação deve ser continuamente aperfeiçoado, com a colaboração de especialistas,

em reuniões e encontros, cursos especiais e sessões de estudo.

67. Nunca é demasiado cedo para estimular o gosto artístico, nos jovens a apreciação crítica, a responsabilidade pessoal na escolha de leituras, filmes, emissões radiofônicas ou televisivas. São eles, com efeito, os mais vulneráveis e, por outro lado, o equilíbrio psicológico e a autodisciplina que adquirem na juventude servir-lhes-ão para toda a vida. A generosidade, idealismo, simplicidade e sinceridade são qualidades admiráveis na juventude. Mas estas qualidades, juntamente com a autodisciplina, só se poderão conservar no caso de serem salvaguardadas e cultivadas, desde os primeiros anos. Os pais e educadores ensinarão as crianças a discernir e escolher, por si próprias, entre as diversas comunicações; o que não impede, como é natural, que reservem para si a última palavra nesta escolha. Assim, se em consciência pensam de maneira diferente dos seus filhos, acerca do uso e escolha dos meios de comunicação, devem explicar-lhes claramente as razões da sua divergência; vale sempre mais, com efeito, a persuação que a proibição, sobretudo no campo da formação humana. Tenham em conta também que a psicologia da criança é diferente da do adulto; assim, programas que lhes parecem destituídos de interesse, podem precisamente agradar aos jovens e serem próprios da sua idade. É conveniente até, que certos jovens sejam mestres e

educadores dos seus companheiros. A sua idade permite-lhes assimilar novos tipos de cultura e comunicá-la aos da sua geração. A experiência mostra que este método é eficaz.

68. É útil que pais e educadores estejam ao corrente dos programas televisivos, filmes e publicações que mais entusiasmam os jovens, para os poderem discutir com eles, de modo a ir estimulando o seu juízo crítico. Quando se trata de uma obra de arte, de difícil ou mesmo controversa explicação, então requer-se o auxílio oportuno dos pais para que os jovens possam descobrir o valor humano da produção e integrar determinados pormenores dentro do seu contexto.

69. Esta educação deve-se fazer metodicamente nas escolas, onde gradualmente os alunos sejam iniciados nos princípios que regulam a interpretação das diversas obras publicadas ou projetadas. Nos programas, deve-se reservar espaço para este tipo de instrução, que será explicitada mediante grupos de trabalho, ou exercícios práticos, sob a orientação de mestres competentes.

70. É claro que os pais e educadores não poderão desempenhar cabalmente esta sua função, se eles mesmos não tiveram um conhecimento sólido sobre os meios de comunicação. A este conhecimento são exortados, sobretudo, aqueles pais que nasceram e cresceram em ambientes fora de todos estes meios; pois, terão muito mais difi-

culdade que os jovens em compreender a "linguagem", que lhes é própria. Muitas vezes ficam até perturbados ante a abertura total com que os meios de comunicação tratam os mais diversos problemas, seja no domínio civil, seja no religioso. Naturalmente desejarão que os filhos usem os meios de comunicação de um modo conveniente; mas devem confiar neles, pois lembrem-se que os jovens nasceram já numa sociedade diferente e que, portanto têm outra preparação e outras defesas que lhes permitem enfrentar este novo tipo de problemática.

b) *Os comunicadores*

71. Trabalham, as vezes, no campo das comunicações pessoas que não tiveram a devida formação profissional. Quem tem, pois, de trabalhar neste domínio, deve procurar a especialização teórica e prática correspondente e, mesmo, obter os graus acadêmicos das Faculdades de meios de comunicação.

72. A mera competência profissional não basta. É preciso também uma adequada formação humana. Uma vez que os meios de comunicação foram criados para servir o homem, é o homem que os comunicadores devem sempre ter presente no seu trabalho; ora, servir o homem implica, antes de mais, conhecê-lo e amá-lo. Portanto, quanto mais consciência tiverem de que, por de-

trás desses instrumentos sem vida que transmitem as suas imagens e palavras, estão homens reais, filhos do nosso tempo, tanto maior será o entusiasmo com que se dedicarão à profissão e maior serviço que prestarão ao seu semelhante. Quanto melhor conhecerem o público a que se dirigem, o seu espírito e mentalidade, tanto melhor adaptarão as suas comunicações às exigências e aspirações desse mesmo público. E então os meios de comunicação contribuirão realmente para uma maior comunhão e compreensão mútua entre os homens.

2. OPORTUNIDADES E OBRIGAÇÕES

a) *Dos comunicadores*

73. Os comunicadores suscitam e estimulam o diálogo que já existe na sociedade. São eles que moderam o intercâmbio estabelecido no vasto mundo dos "mass media". Portanto, a eles compete — e esta é a grandeza de sua vocação — promover os fins a que a comunicação social deve tender: o progresso humano em todos os campos e a verdadeira comunhão entre os homens.

74. Portanto, na escolha dos assuntos a transmitir, procurem ter presente as exigências do público em geral, bem como, de modo proporcional, as exigências das várias correntes de opi-

nião que se apresentam com suficiente importância. Para respeitar estas exigências, a primeira condição é procurar prever qual será o tipo de público com quem se vai ter contacto e identificar-se com ele. Só deste modo conseguirão os comunicadores respeitar as exigências de todo o público segundo as diversas idades, categoria social, cultura ou civilização. Só assim se estabelecerá na sociedade verdadeiro diálogo, porque realizado entre homens conscientes e livres.

75. Os jornalistas, "como quem olha através duma janela aberta, assistem com interesse ao espetáculo do mundo, de modo a perscrutar os acontecimentos, correntes de opinião, tendências que nele se desenrolam".[14] É seu papel não só relatar a verdade dos fatos, mais também comentar os mais importantes de entre estes, medindo o seu alcance e esclarecendo a sua mútua relação. Prestarão assim um serviço à opinião pública, ajudando-a a enquadrar, no devido contexto, notícias porventura isoladas ou desconexas. Assim, o público será capaz de julgar estes acontecimentos e tomar decisões em função da vida da sociedade.

76. Os comunicadores também não podem esquecer que os "mass media", pela sua mesma natureza, atingem um público incontável. Perma-

---

[14] Paulo VI: Na Alocução, UCSI, **L'Osservatore Romano,** 24 de janeiro de 1969.

necendo fiéis ao espírito e características próprias de sua arte, meçam porém o seu imenso poder de influência e, portanto, a grande responsabilidade que tal poder implica: está, com efeito, nas suas mãos um dos maiores estímulos de progresso e felicidade entre os homens. A eqüidade e sentimento de justiça deve levá-los, por outro lado, a respeitar todo o seu público, mesmo as minorias, sejam elas povos pequenos ou grupos. E se, por força das circunstâncias ou por uma disposição legal, alguns meios de comunicação exercem o monopólio, então esta imparcialidade torna-se tanto mais imperiosa, quanto mais difícil de realizar; com efeito o monopólio, por inclinação natural, tende substituir o diálogo pelo monólogo.

77. Os comunicadores, cuja única norma é o sucesso comercial ou o desejo vão de celebridade, não somente atraiçoam o público, mas também contribuem para o descrédito da sua profissão.

78. A crítica tem um papel indispensável, para que a comunicação se conserve a um alto nível profissional e moral e para estímulo aos mesmos comunicadores. Além disso, os críticos, sendo também eles mesmos comunicadores, provocam uma sã auto-crítica no interior da profissão, o que precaverá contra ataques do exterior. Todos, como efeito, se devem convencer que a honestidade é a alma desta profissão. Levados, portanto, pelo sentimento de justiça e o amor da

verdade, manifestarão os méritos e os pontos débeis das várias comunicações, de modo a que o público tenha os dados a formar o próprio juízo. Mas o papel dos críticos não se reduz a ajudar o discernimento do público; o crítico passa a desempenhar um autêntico papel criador, quando por exemplo, dotado de profundo conhecimento e de poder de penetração, consegue descobrir nas obras de arte valores e riquezas que passaram despercebidos aos próprios artistas. Mas sejam desinteressados e não procurem atrair sobre si mesmos a atenção do público, desviando-a dos autores.

79. As associações de comunicadores, através do estudo, do intercâmbio freqüente e do mútuo auxílio, poderão mais facilmente fazer face às dificuldades próprias desta profissão. Mediante estas associações, partindo da própria experiência e de princípios bem definidos, poderão os comunicadores elaborar uma espécie de carta ou código moral, que regule todo processo de comunicação social. Tais normas devem ser de preferências positivas e não negativas. Nem se limite a elencar proibições, mas proponham iniciativas a tomar para um serviço mais eficaz da humanidade.

80. São necessários grandes investimentos de capital, para a compra, administração e renovação dos instrumentos necessários à comunicação social. Esforçam-se, por conseguinte, os seus propietários por alcançar subsídios de entidades

oficiais ou particulares. Quem subsidia uma empresa deste gênero, contanto que não seja apenas movido pelo lucro, mas pelo bem comum, presta um serviço louvável. Aliás, se estes financiadores compreenderem que tais investimentos, mais do que simples negócio, são um serviço cultural e social, eles próprios se eximirão de qualquer espécie de pressão que possa diminuir a liberdade dos comunicadores e público.

b) *Dos que recebem a comunicação*

81. O papel do público, no sentido de melhorar a qualidade das transmissões, é mais decisivo do que à primeira vista se pode supor. E, portanto, grande é também a sua responsabilidade. Dele, por exemplo, depende que se trave verdadeiro diálogo. Se o público se limita, com efeito, a receber, passivamente, as comunicações, inúteis serão os esforços dos comunicadores para estabeler um diálogo e teremos corrente de um só sentido.

82. O público assume um papel ativo no processo de comunicação social, sempre que criticamente julgar as notícias recebidas, tendo em conta a sua fonte e contexto; sempre que souber completar notícias parciais, com elementos colhidos noutras fontes; sempre que, em fim, não tiver medo de manifestar claramente as suas reservas, acordo ou completo desacordo com as comunicações recebidas.

83. É certo que os indivíduos que constituem o público pouco poderão fazer, isoladamente. Mas, em conjunto, é grande a sua força. A exemplo dos comunicadores, fundem-se também associações de leitores, espectadores, ouvintes. Ou então, apóiem-se noutras instituições que buscam fins semelhantes, mas mais gerais.

3. COOPERAÇÃO

a) *Entre cidadãos e autoridades*

84. Os meios de comunicação social contribuem para o progresso de toda sociedade. Portanto, supõem deveres a que estão obrigados, tanto os cidadãos como as autoridades. É dever de ambos garantir a liberdade de expressão e as condições necessárias para que cada indivíduo possa, segundo a sua consciência, desempenhar a missão que lhe foi confiada; mas sobretudo todos devem garantir o respeito pela pessoa humana e promover o bem comum, tanto nacional como internacional.

85. Quanto ao que se refere aos cidadãos, é necessário partir do seguinte princípio: toda a comunidade política exige, antes de mais, espírito de iniciativa entre os seus membros tanto como indivíduos como em grupo; e que neles mesmos estejam a responsabilidade de se autocontrolarem,

quando são comunicadores, como quando são receptores. Para este fim é útil, e muitas vezes necessário, que os comunicadores formem associações com tal objetivo.

86. Quanto às autoridades, o seu papel deve ser mais positivo que negativo. A sua ação não consiste apenas em condenar ou proibir, embora seja por vezes necessário recorrer a sanções ou advertências. O Concílio Vaticano II ensina que a liberdade humana deve ser respeitada e salvaguardada e que só deve ser restringida na medida em que o bem comum o exige.[15] A censura, portanto, só deve ser usada em casos muito extremos. Além disso, os poderes públicos devem respeitar o princípio de subsidiariedade, tantas vezes recomendado pelo Magistério da Igreja, não tomando a seu cargo empreendimentos que podem ser levados a efeito, tão bem ou melhor, pelos súditos isolados, ou em grupo.

87. Segundo este mesmo princípio, deve haver leis que protejam, a liberdade de expressão e o direito à informação, contra toda a forma de pressão, econômica, política, ou ideológica. A legislação deve também permitir aos cidadãos a possibilidade de criticar, publicamente, todo o funcionamento dos "mass media", sobretudo quando estes são controlados por um monopólio.

[15] CF. **Dignitatis Humanae**, 7.

E isto torna-se tanto mais necessário, quando é o próprio Governo quem detém este monopólio. Outros pontos que as diversas legislações devem urgentemente atingir, são, respectivamente: regulamentação da competição entre os meios de comunicação, de tal modo a salvaguardar a sua variedade, contra a demasiada concentração que o puro jogo econômico muitas vezes produz; defesa da dignidade de pessoas e grupos; garantia, finalmente, de que a liberdade religiosa se manifeste também através destes meios.

88. É muito recomendável que os profissionais dos diferentes meios de comunicação fundem conselhos particulares, com normas próprias, nos quais sejam debatidos todos os assuntos que dizem respeito a este campo de comunicação social. Sejam, neste caso, convocados representantes dos diversos organismos e categorias sociais da nação ou da comunidade em questão. É possível que, por este meio, se evitem indesejáveis intromissões, por parte do Estado, ou de potências econômicas; e será também ocasião de se estreitarem os laços de cooperação entre os diversos "comunicadores" com o que toda a comunidade tem a lucrar. Pode acontecer que nalguns casos, razões especiais levem o Estado a instituir organismos especiais, encarregados de vigiar os meios de comunicação. Neste caso, porém hoje nestes organismos, sancionados pela Lei, representantes das várias correntes de opinião pública.

89. Na medida do possível, haja disposições legislativas que protejam os jovens contra o perigo que certo tipo de programas ou publicações podem acarretar ao seu espírito ou critério moral. No caso de crianças e adolescentes, a Lei deve dar o apoio indispensável, às iniciativas educadoras da família e da escola.

90. As autoridades procurem subsidiar as iniciativas que prestam serviços evidentes ao bem comum, neste campo da comunicação social. Obras deste gênero são por exemplo: diversas instituições que se dedicam à difusão de notícias, livros e publicações instrutivas, filmes e transmissões destinadas às crianças, embora sejam de escasso sucesso comercial. O mesmo se diga de filmes de grande valor artístico, de edições literárias e de representações teatrais, que se dirigem a um público restrito e que, portanto, não são comercialmente compensadoras.

91. A responsabilidade das autoridades civis, no que diz respeito aos meios de comunicação, estende-se a todo o planeta. É preciso, por meio de convenções internacionais, propagar a comunicação social por todo mundo, sem discriminação ou monopólios. O uso dos satélites artificiais entrará na esfera destes tratados. Assim, todos os povos terão um lugar conveniente no diálogo universal.

b) *Entre as diversas nações*

92. Dentre as várias formas de cooperação internacional, que a própria natureza dos meios de comunicação urgentemente exige, revestem particular importância os subsídios a dar, para que estes meios sejam criados e conservados nos povos em vias de desenvolvimento. A falta ou pouca eficiência dos referidos meios são, ao mesmo tempo, efeito e causa do atraso social duma comunidade ou nação. Sem estas modernas técnicas de comunicação, nenhuma nação pode dar aos seus cidadãos uma informação e educação adequada, bases indispensáveis para o progresso econômico, social e político.

93. "O progresso", disse Paulo VI, "é o novo nome da Paz".[16] Portanto, é necessário que as nações bem preparadas tecnicamente dêem ajuda também neste campo da comunicação social, aos povos mais atrasados. O auxílio consistirá, sobretudo, na formação de peritos e na assistência técnica. Lembrem-se que a própria responsabilidade não acaba com as próprias fronteiras, mas se estende a toda a humanidade. Este auxílio torna-se tanto mais urgente, quanto o progresso técnico, neste campo, se processa a um ritmo sempre mais acelerado. Os centros de prepara-

---

[16] Paulo VI: Carta ao Exmo. Sr. U Thant, Secretário Geral das Nações Unidas A.A.S., LVIII (1966), pág. 480.

ção de peritos devem, quanto possível, estar instalados no próprio país a ser ajudado. Evitar-se-á, assim, a emigração destes, com grande prejuízo da nação, que se pretendia ajudar.

94. Por outro lado, tal auxílio deverá respeitar os usos e costumes do povo a ser ajudado e as suas manifestações artísticas ou literárias, que encerram um profundo valor humano. Tal cooperação não deve ser concebida como uma esmola, mas sim como uma troca de bens, para enriquecimento mútuo.

95. Os meios audivisuais tornam-se fatores oportunos de instrução para os povos em vias de desenvolvimento, sobretudo para aqueles que se encontram a braços com o analfabetismo. Podem contribuir para melhorar a agricultura, comércio, indústria, bem como para enriquecer a personalidade dos indivíduos, a vida familiar, as relações sociais e as responsabilidades cívicas destes povos. Empreendimentos deste tipo tornam-se muito custosos; daí a necessidade de recorrer à ajuda de indivíduos e organizações privadas, de nações ricas e organizações internacionais.

c) *Entre todos os cristãos, crentes
e homens de boa-vontade*

96. Os meios de comunicação social só alcançarão o seu objetivo — fomentar o progresso humano — se se enfrentarem com os mais urgen-

tes problemas do gênero humano, animarem as suas esperanças e promoverem a cooperação universal de todos os que crêem no Deus vivo, sobretudo daqueles que estão unidos pelo Batismo, como diz o Vaticano II (decreto sobre o ecumenismo e declaração sobre as religiões não cristãs).[17]

97. Como resultado desta ação, os cristãos cairão melhor na conta do estado atual da nossa sociedade, tantas vezes alienada de Deus. Autores teatrais e jornalistas descrevem esta alienação, pondo o seu talento literário ao serviço da liberdade humana. Pelo seu poder criador e pela sua arte descritiva, são dignos da nossa admiração e gratidão.[18]

98. Quando animados pela Fé, os crentes de todas as religiões podem fazer com que a comunicação social não seja apenas um fator de progresso social e cultural; mas que, com a ajuda do Deus Providente, se abra aquele diálogo universal, que fará de todos os homens irmãos, porque todos invocam o mesmo Pai, o Deus Eterno.

99. Muitos são os modos pelos quais se pode chegar a esta cooperação universal. Os mais evidentes são: programas comuns, através da rádio

[17] Cf. **Unitatis Redintegratio,** A.A.S., LVII (1965), pág. 90-112. Cf. também **Nostra Aetate,** A.A.S., LVIII (1966), págs. 740-744.

[18] Cf. "Instrução" emitida pelo Conselho Ecumênico das Igrejas Upsala, 1968, pág. 381.

e televisão, educação coletiva, destinada a pais e filhos, colóquios e debates a nível nacional e internacional, atribuição de prêmios às obras de maior valor artístico, congresso em que se ponha em comum as mais recentes invenções; todas estas iniciativas contribuirão para um melhor uso dos meios de comunicação, mas, sobretudo, para a formação dos que deles se servem, e para que seja, enfim, conseguida a igualdade de direitos de todos os povos.

100. Para que todas estas perspectivas não fiquem letra morta, impõem-se um programa de ação comum. De grande utilidade, segundo a proposta do Vaticano II, é a instituição do Dia Mundial das comunicações sociais. Todos os homens que crêem em Deus são convidados a dedicar este dia à oração e estudo sobre os problemas atuais e futuros dos meios de comunicação. Pelo encontro dos peritos de todos os setores, novas perspectivas se abrirão e novas iniciativas se encorajarão, de modo que o serviço prestado por estes meios à humanidade seja cada vez mais eficaz. Finalmente, que todo o Povo de Deus, pastores ou fiéis, dêem a sua colaboração aos esforços dos homens de boa vontade, para que os meios de comunicação social possam ser usados sempre cada vez mais em função da justiça, da paz e da liberdade humana.

TERCEIRA PARTE

EMPENHO DOS CATÓLICOS NO CAMPO DOS MEIOS DE COMUNICAÇÃO

101. O Concílio Vaticano II exorta os católicos a tomar consciência e a examinar cuidadosamente, à luz da fé, os problemas e responsabilidades que os meios de comunicação social lhes apresentam. Como foi sugerido na primeira parte, a própria história da salvação indica o papel vital a desempenhar pela comunicação social na obra criadora e redentora de Deus. Interpretando a responsabilidade que tem neste campo, a Igreja esforça-se por dar uma visão coerente, que concilie os princípios da fé com as leis particulares da comunicação social. Assim, desempenha a tarefa que Deus lhe confiou: a solicitude pastoral universal, que apresenta o duplo aspecto de desenvolvimento humano e anúncio do Evangelho. Na segunda parte foram esclarecidas as condições em que os meios de comunicação contribuíam para o progresso da humanidade. O contributo especial, prestado pelo espírito cristão e católico, será tratado nesta terceira parte, que situa o papel dos meios de comunicação na vida dos católicos.

CAPÍTULO PRIMEIRO

BENEFÍCIOS
QUE PODEM PRESTAR OS CATÓLICOS
À COMUNICAÇÃO SOCIAL

102. Se os católicos se empenham verdadeiramente por contribuir para a comunicação social, através dos seus novos instrumentos, é, sem dúvida, no campo dos valores espirituais que maiores benefícios se podem esperar de sua ação. A Igreja confia que a sua ação espiritual contribua, em primeiro lugar, para que as leis elementares da comunicação social sejam respeitadas e guardadas mais claramente; em seguida, para que a dignidade do homem, tanto a do que comunica, como a do que recebe a comunicação seja mais dignamente respeitada; finalmente, para que a comunicação desabroche em autêntica comunhão entre os homens.

103. Por conseqüência, os profissionais católicos deste campo, que desempenham competentemente a sua função, estão não só cumprindo o nobre papel de servir a comunicação social, mas exercendo aquele contributo que os cristãos devem a este mundo. Além deste testemunho primordial, que prestam como profissionais em empresas e associações aconfessionais, mostrem-se preparados para dar o ponto de vista cristão so-

bre aqueles assuntos de interesse atual na sociedade. Podem também contribuir para que os autores ou informadores não esqueçam os acontecimentos da atualidade religiosa, que têm repercussão no público, sublinhando o aspecto religioso dos acontecimentos. É evidente que tais católicos não devem estar presentes para dominar e comandar, mas para exercer um trabalho consciencioso, cuja qualidade atrairá a simpatia dos seus colegas.

104. Os produtores católicos têm direito de receber apoio moral da parte da Igreja, como convém a uma missão tão difícil e importante.

105. Consciente da exelência desta profissão e das dificuldades que lhe estão inerentes, a Igreja deseja vivamente colaborar e dialogar com os que se dedicam à comunicação social, sejam quais forem a suas opiniões religiosas; tal colaboração poderá contribuir eventualmente, para a solução de problemas comuns inerentes à profissão, e de outros problemas que digam respeito ao progresso do homem.

106. Bispos, Sacerdotes, Religiosos, Leigos e todos os que têm responsabilidades no seio do povo de Deus são convidados insistentemente a escrever na imprensa, e a participar em emissões radiofônicas e televisivas. Esta representação pode trazer grandes benefícios para a opinião pública, mas exige perfeito conhecimento da índole e fins

dos meios de comunicação. Por isso, as comissões nacionais, bem como as organizações especializadas atendem a informação e preparação dos que utilizam ou hão de utilizar estes meios.

107. A Igreja considera hoje como uma das tarefas mais importantes prover a que os leitores ou espectadores recebam uma formação segundo os princípios cristãos, o que também é um serviço à comunicação social. O "receptor" bem formado será capaz de participar no diálogo promovido pelos meios de comunicação e saberá ser exigente quanto à informação. As escolas e organizações católicas não podem esquecer o dever que têm neste campo, especialmente o de ensinar aos jovens, não só a comportar-se como verdadeiros cristãos, quando leitores, ouvintes ou espectadores, mas também a saber utilizar as possibilidades de expressão desta "linguagem-total" que os meios de comunicação põem ao seu alcance. Sendo assim, os jovens serão verdadeiros cidadãos desta era das comunicações sociais, de que nós conhecemos apenas o início.

108. Toda a problemática dos meios de comunicação deve estar presente nas diversas disciplinas teológicas e, dum modo especial, na moral, pastoral e catequética. Aos teólogos pertenceria, por exemplo, desenvolver e enriquecer o que, de modo sumário, foi sugerido na primeira parte desta Instrução.

109. Os pais e educadores, sacerdotes e associações católicas não hesitem em orientar para as profissões respeitantes à comunicação social, os jovens que lhes parecem terem gosto e qualidades para este campo. Para que tal preparação seja frutuosa e a ela possam concorrer os melhores candidatos, são necessários subsídios econômicos. Nos países em via de desenvolvimento, é indispensável que os Bispos sejam ajudados e sejam dados subsídios para a formação de especialistas e divulgação destes meios, na própria região.

110. Por seu lado, Bispos, Sacerdotes, Religiosos e Religiosas, assim como os grupos de leigos devem dar o seu contributo na educação cristã que se refere a este campo, tendo em conta a perspectiva social. Por sua própria iniciativa, devem, além disso, manter-se ao corrente das recentes descobertas e acompanhá-las sem cessar, o que supõe a familiarização e o uso dos meios de comunicação. Em colaboração com os profissionais, estudarão empenhadamente os problemas envolvidos na comunicacào, trocando opiniões e enriquecendo-se mutuamente, pelo intercâmbio de idéias.

111. Durante a sua formação, os futuros sacerdotes, religiosos e religiosas devem conhecer a incidência dos meios de comunicação na sociedade, bem como a sua técnica e uso, para que não permaneçam alheios à realidade, e não che-

guem desprevenidos ao ministério apostólico que lhes será entregue. Tal conhecimento faz parte integrante da sua formação; é condição sem a qual não é possível exercer um apostolado eficaz na sociedade de hoje, caracterizada, como está, pelos meios de comunicação.[1] Por isso, é necessário que sacerdotes, religiosos e religiosas conheçam de que modo se geram opiniões e mentalidades na sociedade atual, e assim se adaptem às condições do mundo em que vivem, uma vez que é aos homens de hoje que a Palavra de Deus deve ser anunciada, e que precisamente os meios de comunicação podem prestar valioso auxílio. Os que revelam qualidades e gosto especial, recebam uma formação mais acurada neste campo.

112. As apreciações críticas feitas às emissões de rádio ou televisão, filmes e revistas, muito podem contribuir para uma boa educação humana e cristã, bem como para um são discernimento do seu uso, sobretudo em família. É o caso de apreciações, contanto que sejam verdadeiramente competentes, feitas, a sugestão dos bispos, por organismos especializados, nas diferentes regiões, sobre a importância, utilidade, moralidade e valor cristão de filmes, emissões ou publicações.

---

[1] Cf. Sagrada Congregação "Pro Institutione Catholica": "Ratio Fundamentalis Institucionis Sacerdotalis", A.A.S., LXII (1970), págs. 381-384. Cf. sobretudo § 4 e n. 68.

113. As Universidades e Institutos Católicos criarão e desenvolverão cursos de comunicação social, cujos trabalhos e investigações devem ser dirigidos competentemente. Publicarão trabalhos e sínteses dessas investigações, para maior desenvolvimento do ensino cristão. Por esta razão, as Universidades terão necessidade de ser auxiliadas financeiramente, e de cooperar com outras instituições.

CAPÍTULO SEGUNDO

**BENEFÍCIOS QUE PODEM PRESTAR
OS MEIOS DE COMUNICAÇÃO AOS CATÓLICOS**

1. OPINIÃO PÚBLICA
E MÚTUA COMUNICAÇÃO NA VIDA
DA IGREJA

114. A Igreja esforça-se por aumentar e aprofundar os elos de união entre os fiéis; para o que é indispensável a comunicação e o diálogo entre os católicos. Por outro lado, a Igreja faz parte da sociedade humana; o que implica, além do mais, por motivos tirados da sua própria natureza, que se estreitem pelo diálogo, os laços e as relações com essa comunidade. Cumpre esta obrigação, informando e ouvindo atentamente a opinião pública, dentro e fora da Igreja, e procurando um diálogo contínuo com o mundo contemporâneo, participando, assim, na resolução dos problemas do homem de hoje.

a) *Diálogo no seio da Igreja*

115. Como corpo vivo, a Igreja necessita duma opinião pública para alimentar o diálogo entre os seus membros, condição do progresso no seu pensamento e ação. "...com a ausência da

opinião pública, faltar-lhe-ia qualquer coisa de vital, e a culpa recairia tanto sobre os pastores como sobre os leigos".[2]

116. Por isso, é necessário que os católicos se conscientizem daquela verdadeira liberdade de expressão de pensamento que o " sensus fidei" e a caridade lhe conferem:[3] o "sensus fidei", que é estímulo e força do Espírito da Verdade que os . faz aderir, em união sob a guia do Magistério, à Fé da Tradição-adesão profunda, e por isso mesmo contínuo aprofundamento e aplicação na vida prática; e a caridade que eleva aquela liberdade à comunhão na própria liberdade de Cristo, redentor que libertando-nos do pecado, nos tornou livres de tudo julgarmos segundo a sua vontade. As autoridades responsáveis favoreçam e procurem que exista na Igreja, graças à liberdade de expressão e de pensamento, uma troca legítima de opiniões. Estabeleçam, portanto, as normas e condições necessárias a este fim.[4]

117. É muito vasto o campo em que o diálogo, no interior da Igreja, se deve desenvolver. É certo que as verdades da fé pertecem à própria essência da Igreja, e não podem, de nenhum

---

[2] Pio XII: Alocução aos Participantes do Congresso Internacional de escritores de revistas, 17 de fevereiro 1950. A.A.S., XVII (1950), pág. 256.

[3] Cf. **Lumen Gentium, 12.**

[4] Cf. " Réflexions et suggestions concernant le dialogue oecuménique". **L'Osservatore Romano, 21-22 de setembro 1970.**

modo, ser deixadas à interpretação arbitrária dos indivíduos. Contudo, a Igreja está encarnada na história humana; deve adaptar-se às circunstâncias particulares de tempo e de lugar; deve procurar a melhor maneira de expor as verdades da fé, às diferentes épocas e culturas e adaptar a sua ação às condições sempre mutáveis dos tempos. Em união leal com o magistério, cada um dos católicos pode e deve, portanto, comprometer-se, numa investigação livre, para melhor interpretar as verdades reveladas e melhor as poder apresentar aos diversos grupos em evolução. Este diálogo livre no seio da Igreja não prejudica a unidade, a solidariedade entre os fiéis; pelo contrário, favorece a concórdia e ao encontro das diversas correntes de pensamento, através do confronto de pareceres dentro da opinião pública. Mas, para que este progresso se processe como convém, é necessário que reine a caridade, mesmo nos casos de diferentes pontos de vista e opiniões. Neste diálogo, todos devem procurar e desejar servir e consolidar a união e cooperação, animados pela vontade de construir e não de destruir. Movidos por um profundo amor à Igreja e zelo de unidade, lembrar-se-ão que Cristo fez da unidade, o sinal distintivo da verdadeira Igreja e dos verdadeiros discípulos.[5]

[5] Cf. Jo 17,21.

118. Por esta razão, é necessário distinguir claramente dois campos: o campo da investigação científica, em que as pessoas verdadeiramente competentes gozam da liberdade necessária para o seu trabalho e do direito de comunicar aos outros o resultado da sua investigação; e o campo da instrução dos fiéis, em que só se pode propor, como doutrina da Igreja, as verdades reconhecidas como tais pelo Magistério autêntico, ou pelo menos consideradas como ensinamento seguro. Contudo, dada a própria natureza dos meios de comunicação social, acontece por vezes virem, prematuramente, ao conhecimento do público, novas opiniões de teólogos. Os fiéis, portanto, devem fazer uso nesses casos do seu sentido crítico, para não confundir estas opiniões com a doutrina autêntica da Igreja, apercebendo-se, além disso, que o verdadeiro significado destas opiniões pode também ser deturpado pelo estilo próprio de certos meios de informação.

119. Assim como é essencial o desenvolvimento da opinião pública na Igreja, assim também é necessária a cada fiel a possibilidade de encontrar as condições indispensáveis para poder desempenhar um papel ativo na vida da Igreja. Na prática, significa ter acesso aos meios de comunicação social, não só aos de grande difusão, mas até aos que poderemos caracterizar de "católicos"; estes últimos podem ser criados onde se julgue necessário, contanto que desempenhem dignamente o seu papel.

120. O desempenho de responsabilidades na Igreja e a própria vida exigem uma corrente contínua de informação entre as autoridades eclesiásticas — de qualquer grau que seja — e os fiéis, e vice-versa, para o que são necessários diversos organismos, dotados dos meios indispensáveis: conselhos pastorais, secretariados de imprensa, serviços de informação.

121. Sempre que os assuntos a tratar exigem segredo, na Igreja, devem ser observadas as regras gerais em uso nas instituições civis. Por outro lado, os valores espirituais, próprios da Igreja, exigem que as notícias dadas sobre as suas intenções e atividades se destingam pela integridade, verdade e abertura. Se, porém, as autoridades religiosas não querem ou não podem fazê-lo, dão ocasião a boatos que servem mais para alimentar a curiosidade do que para esclarecer a verdade. Portanto, o segredo só deve ser guardado para preservar o bom nome, ou os direitos de indivíduo ou grupo.

b) *Diálogo igreja-Mundo*

122.O diálogo da Igreja dá-se não só no seu âmbito, entre os fiéis, mas com todos os homens. Deve manifestar sua doutrina e modo de vida, em virtude do mandato divino,[6] e do direito à verda-

---

[6] Cf. Mt 28,19.

de que têm todos os homens, cujo destino ela partilha na terra. Além disso, como ensina o Concílio Vaticano II, deve a Igreja "ler os sinais dos tempos", que são modos empregados por Deus para nos falar, e marcos que sinalizam a História da Salvação. Portanto, a Igreja deve saber como reagem os nossos contemporâneos, católicos ou não, aos acontecimentos e correntes de pensamento atual. Os meios de comunicação social contribuem para esse conhecimento que a Igreja deseja ter, na medida em que referem e divulgam estas respostas.

123. Quem ocupa posições responsáveis na Igreja deve anunciar plena e integralmente a verdade, pelos meios de comunicação, e esforça-se por dar uma imagem autêntica da vida da Igreja. Como estes meios, muitas vezes, são a única fonte e meio de informação entre Igreja e o mundo, descuidá-los seria enterrar os talentos dados por Deus. A Igreja espera que as agências de notícias e os próprios meios de comunicação, se esforçarão por tratar de assuntos religiosos, com todo aquele cuidado que a natureza da matéria exige. Por sua vez, ela própria, fornecerá a estes organismos informações completas, exatas e verdadeiras, para que estes estejam à altura de poder desempenhar sua função.

124. O que acima foi dito,[7] sobre a necessidade do comentário na difusão da notícia, aplica-se agora,com mais razão, no que se refere à informação sobre a vida da Igreja. Donde se segue que os reponsáveis na Igreja deverão prever esta exigência, não seja o caso que se fique à mercê da improvização e iniciativas de outros. Convém, portanto, que as decisões importantes sejam dadas a conhecer primeiro a certas pessoas, que as não divulgarão antes do tempo estabelecido, para que possa, em seguida, ser explicadas e esclarecidas metodicamente, para o bem da Igreja.

125. Os meios de comunicação social, portanto, prestam um tríplice serviço à Igreja: possibilitam a sua manifestação ao Mundo; promovem, no seio da mesma Igreja, o diálogo; finalmente põem-na ao corrente da mentalidade dos homens de hoje, aos quais ela deve anunciar o Evangelho, mas usando uma linguagem compreensível ao mundo e partinddo da problemática que agita o gênero humano.

---

[7] Cf. n. 38.

2. UTILIDADE
DOS MEIOS DE COMUNICAÇÃO
PARA A PROPAGAÇÃO DO EVANGELHO

126. Cristo mandou aos Apóstolos e seus sucessores que ensinassem "todas as nações",[8] que fossem "a luz do mundo",[9] que proclamassem o Evangelho em todo o tempo e lugar. Do mesmo modo que Cristo se comportou, durante a sua vida terrestre, como o modelo perfeito do "Comunicador", e os Apóstolos usaram os meios de comunicação então ao seu alcance, também o nosso trabalho apostólico atual deve usar as mais recentes descobertas da técnica. De fato, seria impossível, hoje em dia, cumprir o mandato de Cristo, sem utilizar as vantagens oferecidas por estes meios que permitem levar a mensagem a um número muito superior de homens. Aliás, o Concílio Vaticano II exorta os católicos a que, "sem demoras, usem os meios de comunicação social, nas diversas formas de apostolado".[10]

127. A necessidade desta linha de conduta impõem-se pelo fato de o homem hodierno viver imerso nas ondas da comunicação social, que jogam um papel de primeira importância na formação das suas mais profundas convicções, mesmo religiosas.

[8] Mt 28,19.
[9] Mt 5,14.
[10] **Inter Mirifica**, 13.

128. Os modernos meios de comunicação social dão ao homem de hoje novas possibilidades de confronto com a mensagem evangélica; permitem aos cristãos seguir, mesmo de longe, as cerimônias religiosas. Assim, toda a comunidade cristã se reúne e cada um é convidado a participar na vida íntima da Igreja. É evidente que a apresentação dos programas religiosos tem que se configurar com as características próprias do meio usado: a "linguagem" na rádio ou na televisão não pode ser um decalque da "linguagem" dos púlpitos. Seria também lamentável, se o nível dos programas de índole religiosa fosse inferior ao dos programas restantes.

129. Estes meios também são de grande utilidade para dar a todos uma formação cristã. Convocando peritos em educação religiosa e nos diversos problemas levantados, recorrendo a todas as possibilidades técnicas necessárias para uma apresentação atraente e moderna, podem-se realizar programas que fomentem a renovação desta educação religiosa e dêem sugestões aos respectivos responsáveis. Os meios de comunicação são os canais de informação sobre a mentalidade do homem moderno. Têm, pois, a possibilidade de, pela discussão dos acontecimentos do dia-a-dia, incentivar os cristãos a uma reflexão sobre os fundamentos da própria fé e das suas implicações vitais.

130. O público de nossos dias está, de tal maneira, habituado ao estilo cuidadoso e atraente, próprio dos meios de comunicação, que não suporta a mediocridade na apresentação de espetáculos públicos e, muito menos, quando se trata de cerimônias litúrgicas, alocuções ou qualquer tipo de instrução cristã.

131. Surge, pois, a necessidade de usar, quando possível, os meios de comunicação social para apresentar a mensagem cristã, dum modo mais interessante e eficaz, encarnando-a no estilo próprio de cada um desses meios.

132. Em alguns casos, a Igreja serve-se, segundo certas condições, de meios de comunicação de que não é proprietária, para dar a conhecer o seu modo de pensar. Outras vezes, ela mesma os administra e dirige. As circunstâncias dirão se se deve optar por uma ou por outra hipótese. Por outro lado, as autoridades religiosas devem indicar uma linha de ação aos seus colaboradores neste campo, depois de consultar peritos nacionais e mesmo, sendo preciso, internacionais.

133. Para que esta atividade que os católicos exercem usando os meios de comunicação, ao serviço do progresso humano e por mandato do Evangelho,se torne possível, são necessários grandes recursos econômicos. Os mesmos católicos são convidados a tomar em consideração este problema e a contribuir com generosidade para a

sua solução: "seria inadmissível que os filhos da Igreja aceitassem, sem reagir, que a palavra de Deus esteja encadeada e limitada".[11]

134. Dada a crescente importância que assumem na vida da humanidade em geral e da Igreja em particular, os meios de comunicação deviam ser tidos mais em conta do que atualmente, na planificação pastoral a cargo das Conferências episcopais. Procurem estas prever para essa ação os fundos necessários, pedindo também, quanto possível, a colaboração de outros organismos.

[11] **Inter Mirifica, 17.**

CAPÍTULO TERCEIRO

PAPEL E INICIATIVA DOS CATÓLICOS
NOS DIFERENTES MEIOS DE COMUNICAÇÃO

135. Já antes vimos qual devia ser a atitude dos "comunicadores" católicos, no campo profissional, atitude que eles compartilham com todos os seus colegas, mas que a própria fé confirma.[12] Tratamos, em seguida, dos deveres próprios dos mesmos católicos, no campo das comunicações em geral.[13] Trataremos, agora, dos seus deveres e contributos, em cada um destes meios, em particular; que se trate de meios de comunicação "católicos", quer se trate de outros, em que os fiéis são chamados a colaborar.

1. IMPRENSA

136. A imprensa, dada a sua natureza e características, assume grande importância. Devido à grande variedade e riqueza dos assuntos tratados, pode descer até a discrição pormenorizada dos acontecimentos, explicando-os e comentando-os, o que suscita a curiosidade e reflexão

---

[12] Cf. nn. 102-113 desta Instrução.
[13] Cf. nn. 126-134 desta Instrução.

do leitor. É, pois, um complemento indispensável dos meios audiovisuais, porquanto ajuda o leitor a formar criticamente uma opinião pessoal. Visto, portanto, abraçar tanta variedade de assuntos e fomentar o juízo crítico, a imprensa é fundamental na promoção do diálogo social. Multiplicam-se, nos nossos dias, edições de divulgação, livros de bolso, que, pondo à disposição do público, clássicos de literatura religiosa, obras-primas de todas as nações, obras de caráter técnico e científico, proporcionam leituras agradáveis e proveitosas. Também os "livros de quadrinhos" e narrações ilustradas se têm revelado úteis, por exemplo, na explicação da Escritura e da vida dos Santos. Todos esses tipos de publicações merecem a nossa atenção e apoio.

137. Jornais, revistas e outras publicações periódicas católicas podem ser um bom instrumento para levar ao mundo o conhecimento da Igreja e a Igreja ao conhecimento do mundo, por meio de intercâmbios culturais e com a colaboração de agências de informação. Atenção porém a não sacrificar a qualidade à quantidade, evitando que novas publicações surjam em detrimento das antigas.

138. O papel da Imprensa católica é enfrentar, por meio de informações, comentários, debates, todos os problemas e interrogações do mundo em que vivemos, à luz dos princípios cristãos.

Também lhe compete comentar e, se necessário, corrigir notícias e comentários referentes à fé e vida da Igreja. Ela será ao mesmo tempo, um espelho em que se reflete as imagens do mundo e uma luz que o ilumine. Deverá ser também o lugar do encontro e confronto de idéias e opiniões. Mas, a Imprensa católica precisa de recursos e gente preparada, para alcançar a dignidade profissional competente.

139. Por outro lado, a Imprensa católica deve dispor de agências de informação, administradas por católicos, a fim de que o diálogo dentro da Igreja, e entre a Igreja e o mundo, se possa desenvolver. Acarretarão numerosas vantagens "profissionais" e fornecerão notícias de última hora, exatas e completas, sobre a vida da Igreja. Além disso, tais agências, pela cooperação internacional, ajudar-se-ão mutuamente, captando e transmitindo notícias umas às outras.

140. Os católicos são convidados a ler regularmente publicações católicas, contanto que dignas deste nome, não somente para colherem informações religiosas, mas também para, através dos comentários lidos, olharem os acontecimentos do mundo com uma mentalidade cristã. Não queremos com isso suprimir a legítima liberdade de leitura do indivíduo, nem ir contra o pluralismo próprio de cada região ou as divergências de opinião de outros escritores. Para que, portanto,

os escritores católicos mereçam a confiança e o apreço do público, é necessário que se destingam pela perfeição e valor de sua arte.

141. Uma vez que os acontecimentos do dia-a-dia levantam problemas que interpelam o espírito cristão, os escritores católicos esforça-se-ão por os interpretar, segundo os ensinamentos da Igreja. O Clero e os leigos deverão fomentar a livre manifestação da própria opinião e a variedade de publicações com diferentes pontos de vista. Assim, irão ao encontro dos mais diversos interesses e preocupações dos leitores, por um lado; e por outro, contribuirão para o surgir de uma opinião pública na Igreja e no mundo.[14] O papel dos jornais católicos que são considerados como porta-voz das autoridades ou instituições eclesiásticas é procurar, segundo as leis e modos de proceder próprios da imprensa, dar a conhecer o pensamento do organismo que representam. Haja, no entanto, nestes jornais algumas páginas em que, no caso de um assunto ainda sujeito a discussão, os articulistas possam manifestar livremente o próprio modo de pensar, sem que a direção se veja comprometida.

---

[14] Cf. nn. 114-121, em que se trata do diálogo dentro da Igreja. Cf. também: Paulo VI, "Ecclesiam Suam"; cf. também: "Réflexions et suggestions concernant le dialogue oecuménique", n. IV, 4, b e IV, 5. **L'Osservatore Romano**, 21/2-IX-1970.

2. CINEMA

142. O cinema, dado ao seu influxo na educação, cultura e divertimento, faz parte integrante da vida do homem atual. Os realizadores têm no filme um modo de exprimir, realisticamente, a mentalidade hodierna. O progresso das técnicas cinematográficas, que atrai cada vez mais, o interesse do público e a possibilidade de comprar, a baixo preço, máquinas de filmar e projetar, fazem prever um uso cada vez mais difundido do cinema para o futuro. Daí provirá, naturalmente, um mais profundo conhecimento da técnica e cultura cinematográfica.

143. Dum ponto de vista pastoral, tenham-se em conta as grandes vantagens oferecidas pelo cinema, sobretudo como meio de cooperação a nível nacional e internacional. De mais fácil realização que outrora, os filmes podem-se adaptar completamente a circunstâncias e argumentos específicos e podem ser projetados em salas, ou mesmo em casas particulares.

144. Muitos são os filmes que põem os grandes recursos do cinema ao serviço de assuntos que fomentam o progresso humano e valores espirituais. Obras de tal gênero são dignas de todo louvor. Os centros católicos de cinema devem dar todo o apoio a este tipo de filme e respectivos realizadores. É bom recordar que muitos filmes, unanimemente reconhecidos como obras primas

cinematográficas, tratam de assuntos religiosos. O que significa que o cinema é um meio perfeitamente capaz de tratar profundamente tais temas. Por outro lado, é encorajamento a produzir filmes deste gênero.

145. Os centros católicos especializados em cinema, de colaboração com organismos dos outros meios de comunicação, procurarão realizar e divulgar espetáculos penetrados de princípios religiosos. Usaram também com este fim, outros recursos técnicos menos custosos como discos, gravadores, máquinas de projeção.

146. Nas regiões onde predomina o anafalbetismo, os filmes podem fornecer os elementos básicos da educação e catequese. As imagens são o meio mais apto para captar a atenção do homem anafalbeto, porque através delas pode mais facilmente conceber idéias concretas. Todo o empenho pela promoção humana e cristã não pode esquecer estes recursos, que devem, no entanto, ser fiéis à tradição cultural de cada povo.

147. Uma vez que os profissionais do cinema se debatem freqüentemente com grandes dificuldades, procurem os católicos e respectivos organismos cinematográficos interessar-se e entrar com eles em diálogo franco. Baseado, como deve estar, na comum convicção das vantagens que o cinema representa para o homem, tal diálogo será testemunho evidente de apreço pelo trabalho de todos os que se dedicam a este campo.

3. RÁDIO E TELEVISÃO

148. A rádio e a televisão, além de darem aos homens um novo processo de comunicar entre si, inauguram um novo estilo de vida. As suas transmissões atingem, em cada dia, novas regiões, saltando sobre barreiras políticas ou culturais. Têm entrada franca nas casas e absorvem a atenção dum público imenso. Os rápidos progressos, sobretudo as transmissões via satélite, e a possibilidade de gravar e retransmitir programas contribuem para libertar a rádio e televisão dos limites do espaço e tempo, e deixam prever que este processo continuará a um rítmo cada vez mais acelerado. A rádio e televisão proporcionam aos ouvintes e espectadores distração, cultura e notícias de todo mundo. Sobretudo o espectador de televisão acompanha os acontecimentos que se passam no mundo, como se ele mesmo estivesse presente. Finalmente, estes meios de comunicação criam um estilo artístico próprio, que não deixa de influenciar o homem moderno.

149. Os aspectos religiosos da vida humana devem ser regularmente tratados nas transmissões.

150. Os programas religiosos, adaptados à rádio e à televisão, criam novas relações entre os cristãos e um enriquecimento da vida religiosa. Contribuem para a educação cristã e para o empenho da Igreja no mundo. São úteis para doen-

tes e pessoas idosas, que não podem participar diretamente na vida litúrgica. Estabelecem um elo de relação com todos os homens que, separados oficialmente da Igreja, buscam, contudo, alimento espiritual. Levam a mensagem do Evangelho às regiões onde a Igreja ainda não existe. A Igreja, portanto, deve se esforçar para que tais programas sejam continuamente melhorados com novos recursos técnicos e artísticos.

151. A Missa e outros ofícios litúrgicos devem ser incluídos no número das transmissões religiosas. É necessário, porém, que tais programas sejam devidamente preparados, do ponto de vista técnico e litúrgico. Tenha-se em conta a grande diversidade de público e, se os programas se destinam também a outros países, deve-se respeitar a sua religião e costumes. O número e durações destas transmissões seja regulado também a juízo dos ouvintes ou espectadores.

152. As homilias e alocuções devem conformar-se com a natureza do programa. Quem for chamado a desempenhar esta função, deve ser cuidadosamente escolhido e possuir o devido conhecimento prático das técnicas de rádio e televisão.

153. Os programas religiosos, como noticiários comentários, debates televisivos ou radiofônicos dão um válido contributo à instrução e ao diálogo. Têm também aqui aplicação as normas

antes dadas sobre imprensa católica; assim como as normas universais sobre o respeito pela diversidade de opiniões, sobretudo nos casos em que a rádio e televisão são governadas por um autêntico monopólio.

154. Quando um católico conhecido, seja clérigo ou leigo, fala na televisão ou na rádio, é imediatamente considerado, pela opinião pública, como intérprete dos pontos de vista da Igreja. Portanto, ele deve estar ciente dessa situação e procurar por todos os meios ao seu alcance evitar qualquer equívoco possível. A responsabilidade da sua missão diz respeito não só ao conteúdo das suas declarações, mas também à maneira de falar e de se comportar, que adotar. Finalmente, procure consultar as autoridades eclesiásticas, quando neste caso for possível.

155. Os ouvintes e espectadores, manifestando o seu juízo sobre os programas religiosos, contribuirão para o seu aperfeiçoamento.

156. Para que a Igreja possa desenvolver ação eficaz neste campo, sobretudo no que respeita a programas religiosos, é indispensável colaboração e mútua confiança entre os católicos, que se dedicam a tal missão e os diversos técnicos das emissoras ou redes televisivas.

157. Nos países em que a Igreja não pode usar os meios de comunicação social, o único processo que os fiéis têm para acompanhar a vida

da Igreja e ouvirem a Palavra de Deus é através dos programas religiosos de emissoras estrangeiras. A solidariedade cristã impõe, a este respeito, grave obrigação aos pastores e fiéis das outras regiões. Torna-se necessário preparar programas radiofônicos ou televisivos que correspondam às necessidades religiosas destes seus irmãos em Cristo, e que manifestem a mútua comunhão de ideais.

4. TEATRO

158. O teatro é um dos mais antigos e expressivos meios de comunicação humana. Hoje em dia, tem um público numeroso, constituído não só pelos espectadores que assistem diretamente às representações, mas também por aqueles que as acompanham por rádio ou televisão. Além disso, são inúmeras as peças de teatro, adaptadas ao cinema.

159. A contribuição dada ao teatro, pelos recursos próprios dos meios de comunicação abriu à arte dramática novas possibilidades, justamente chamadas "multi-media". Estas, apesar de se basearem no teatro, têm características próprias; realizam como que uma síntese totalizante das diversas vantagens e qualidades de vários meios de comunicação.

160. O teatro moderno abarca um vasto campo de idéias e opiniões. Transforma-se numa espécie de laboratório, onde, continuadamente, se produzem novas e ousadas concepções sobre o homem e sua situação terrestre. Tais iniciativas atingem auditórios cada vez mais numerosos e estendem-se aos outros meios de comunicação.

161. A Igreja tem grande apreço pelo teatro que, nas suas origens, estavam muito relacionado com manifestações de caráter religioso. Também, atualmente, os cristãos devem mostrar interesse semelhanmte, de modo a poderem usar as suas grandes possibilidades. Encoragem-se os autores dramáticos a tratar as grandes preocupações religiosas do nosso tempo. O que certamente contribuirá para que os mesmos assuntos sejam também tomados pelos outros meios de comunicação.

CAPÍTULO QUARTO

EQUIPAMENTO, PESSOAL, ORGANIZAÇÃO

162. O lugar que os meios de comunicação social ocupam na vida dos homens, os recursos de que desfrutam, os problemas e interrogações que levantam à consciência cristã, todos estes fatores exigem, por parte da pastoral, atenta consideração; e não só consideração que oriente, mas, sobretudo ação que aproveite e assuma tantas possibilidades. Para este fim, é evidente a necessidade de encontrar homens especializados, tanto técnica como admistrativamente; os conselhos pastorais deverão encontrar meios de planificar tal ação; e, finalmente, associações de todo o gênero deverão encarregar-se da execução de tais planos.

163. Todos os cristão devem colaborar, espiritual e materialmente, a fim de que a função da Igreja neste campo seja facilitada com a aquisição de modernos recursos técnicos. Estes revelam-se indispensáveis hoje em dia para a propagação do Evangelho, esclarecimento das consciências, promoção de obras sociais.

164. Os organismos e empreendimentos católicos que trabalham no campo da comunicação social com objetivos pastorais devem ser servidos

por pessoal bem preparado. A preparação profissional deste pessoal, eclesiático ou leigo, deve ser um dos principais cuidados dos responsáveis neste campo.

165. Faz parte do papel dinamizador e organizador dos dirigentes eclesiásticos a consideração atenta de toda a esfera das comunicações sociais e sua integração numa conveniente pastoral de conjunto; para este fim, no entanto, devem pedir o conselho dos diversos especialistas experimentados. Segundo o Decreto "Inter Mirifica", esta função diretiva pertence ao Bispo, na respectiva diocese,[15] a uma comissão episcopal em cada nação,[16] finalmente, no que respeita à Igreja Universal, pertence à Comissão Pontifícia dos Meios de Comunicação Social.[17]

166. É preciso fomentar e coordenar os diversos organismos que se dedicam ao apostolado com os meios de comunicação social.[18] As autoridades eclesiásticas encoragem aquelas iniciativas que os católicos e suas associações, livre e espontaneamente, empreendem, mas reservem para si a orientação das que, por sua natureza, dizem respeito a um ministério propriamente sacerdotal, ou daquelas que, segundo circunstâncias de

---

[15] Cf. **Inter Mirifica**, 20.

[16] Cf. Ibid., 21.

[17] Cf. Ibid., 19.

[18] Cf. **Apostolicam Actuositatem**, 19 e 21.

tempo e lugar, exigem uma intervenção da Hierarquia, em benefício dos fiéis.

167. As autoridades eclesiásticas competentes (cf. n. 165.) zelarão e darão todo o apoio para a preparação e celebração do Dia Mundial das Comunicações Sociais. Neste dia, seja rendida homenagem a todos que trabalham neste campo.[19] As autoridades eclesiásticas devem também apresentar regularmente às Conferências episcopais respectivas, o balanço das despesas que o apostolado das comunicações sociais implica.

168. Os Bispos empenhem-se, com a colaboração de sacerdotes e leigos, pelo trabalho apostólico no domínio da comunicação social. Na medida do possível, funde-se um centro diocesano, ou, pelo menos, interdiocesano. Uma das suas principais funções será organizar este apostolado a nível diocesano e paroquial. A estes centros, compete, também preparar, nas dioceses, a celebração do Dia Mundial das Comuicações Sociais.

169. Em todos os países deve existir um Secretariado Nacional dos Meios (Imprensa, Cinema, Rádio, Televisão); o modo de organizar tais seções depende das circunstâncias; o único que se exige é que entre elas haja colaboração, a mais estreita possível; para o que se torna necessário uma direção única de toda obra.[20]

[19] Cf. **Inter Mirifica**, 18.
[20] Cf. **Inter Mirifica**, 21.

170. É função destes secretariados nacionais e diocesanos promover, estimular e coordenar todas as atividades dos católicos no campo da comunicação social. Pertence-lhes, também, atender a que os cristãos, clérigos ou leigos, sejam instruídos, por meio de conferências, cursos, mesas-redondas, congressos de estudo ou críticas feitas por peritos do mesmo secretariado, de modo que formem uma opinião crítica pessoal sobre os vários assuntos. Igualmente, o secretariado deve estar pronto a dar toda a colaboração necessária nas transmissões que se proponham tratar temas religiosos.

171. Os Secretariados nacional e diocesano mantenham verdadeiro contacto humano com os profissionais das comunicações sociais e respectivos organismos, fornecendo-lhes todo o material, e consulência de que se precisam. Organizem o Dia Mundial das Comunicações Sociais a nível nacional e a coleta que o Decreto Conciliar manda fazer neste dia.[21]

172. Compete a Comissão Episcopal ou ao Bispo encarregado das comunicações sociais a orientação dos secretariados nacionais, bem como delinear as normas gerais das suas atividades apostólicas. Mantenham-se em contacto com os secretariados correspondentes das outras nações e colaborem com a Comissão Pontifícia para as

[21] Cf. **Inter Mirifica**, 18.

Comunicações Sociais, cujas funções são explicadas no mesmo decreto,[22] e na Carta Apostólica "In Fructibus multis".[23]

173. Nos continentes ou regiões que existe uma única Conferência episcopal para vários países, então haverá também um secretariado para a Comunicação Social em todo continente ou região, sob a orientação de um ou vários bispos, delegados para esta função.

174. Cada Bispo individualmente, as Conferências episcopais e a Santa Sé devem ter um porta-voz permanente ou representante oficial para a Imprensa, que dê a conhecer informações e notícias, explique brevemente documentos da Igreja, de modo que o público possa perceber, facilmente, o seu alcance. Além disso, estes representantes, dentro dos atributos do seu cargo, dêem, rápida e fielmente, notícias sobre a vida da Igreja. É também de grande utilidade, que cada uma das dioceses e organismos católicos de mais importância tenham o seu porta-voz certo, com atributos semelhantes aos apontados antes. Estes representantes oficiais, bem como aquelas pessoas, que desempenham função pública na Igreja, tenham em conta as exigências elementares das relações públicas; assim, devem reconhe-

---

[22] Cf. **Inter Mirifica**, 19.

[23] Cf. **In Fructibus Multis** A.A.S., LVI (1964), págs. 289-292.

cer as necessidades e os diversos tipos de audiências com quem tem contacto e procurem estabelecer com eles relações baseadas na mútua confiança e compreensão. Esta compreensão apenas se alcançará na medida em que as pessoas se respeitarem mutuamente e forem fiéis à Verdade.

175. A criação dos chamados "porta-vozes oficiais" contribui, mas de modo nenhum esgota a necessidade que a Igreja tem da informação cruzada; isto é, de duas correntes de informação de sentido oposto: uma tendente a tornar patente ao mundo a verdadeira imagem da Igreja; a outra, tornando presente às autoridades eclesiásticas os movimentos, opiniões, aspirações do mundo. Tal diálogo supõe a existência de relações mútuas, respeito e amizade, entre a Igreja, por um lado, e as várias categorias de homens e respectivos grupos, por outro. Só assim se estabelecerá aquele autêntico intercâmbio, em que cada uma das partes dá e recebe.[24]

176. Para que haja um diálogo fecundo no seio da Igreja e entre esta e o mundo exterior, é necessário que, quando um acontecimento levanta problemática religiosa, oportunamente surja um comentário oficial que aduza, de modo seguro e preciso, as explicações necessárias com respeito a estes acontecimentos e suas causas. Para

---

[24] Cf. nn.138-141 desta Instrução.

o efeito, usem meios adequados fornecidos pela técnica moderna, como telegramas, fotografias, etc...

177. Os Institutos Religiosos considerem a grande responsabilidade que tem a Igreja no campo da comunicação social e ponderem sobre a colaboração a dar, segundo o espírito das respectivas Constituições. Os seus organismos, especialmente dedicado a este trabalho, colaborem entre si e com aqueles secretariados, nacionais, regionais ou continentais, a quem compete a planificação global do apostolado dos meios de comunicação.

178. Os Secretariados Nacionais mencionados no § 169[25] e os correspondentes secretariados dos Institutos Religiosos colaborarão com as Organizações Católicas Internacionais da Imprensa (U.C.I.P.), do Cinema (O.C.I.C.), da Rádio e Televisão (UNDA), segundo os Estatutos das mesmas, aprovados pela Santa Sé.[26]

179. Estas Organizações Católicas internacionais, cada uma no seu setor e segundo os respectivos estatutos, desempenharão a sua missão mediante a ajuda às associações de católicos que em cada nação se dedicam aos mesmos fins. Os objetivos desta ajuda são os seguintes: encorajar

[25] Cf. n. 169 desta Instrução.
[26] Cf. **Inter Mirifica, 22.**

as investigações e progresso no domínio dos "mass media"; incrementar o espírito de amizade e colaboração entre as diversas nações; estudar o papel dos católicos neste campo; coordenar as diversas iniciativas a nível internacional; prever novas orientações à escala mundial, úteis sobretudo para os países em vias de desenvolvimento; estimular novas obras que surjam. Ocupar-se-ão também na produção e distribuição de filmes, programas radiofônicos e televisivos, material audiovisual, enfim de toda a espécie de publicações que possam contribuir para melhorar a comunicação entre os homens e a vida do povo de Deus. Por último, todas estas organizações católicas internacionais são convidadas a que, em mútua colaboração, busquem juntas a solução para os problemas que forem surgindo.

180. As Conferências Episcopais, através dos respectivos secretariados e das Associações de católicos dedicadas a este setor, proverão a que as organizações internacionais disponham dos fundos necessários para descmpenharem a sua função.

CONCLUSÃO

181. Neste momento, um problema difícil se nos depara: estamos ou não no limiar duma nova era da Comunicação Social? Por outras palavras, todo o processo que acabamos de descrever comporta apenas mudanças quantitativas, ou também qualitativas? É difícil responder a esta pergunta, mas uma coisa é certa: dados os recentes progressos científicos e técnicos, sobretudo os relacionados com as comunicações via satélite, muito brevemente informações de toda ordem difundidas pela rádio e televisão, chegarão simultaneamente ao conhecimento de todo o mundo. Por outro lado, a gravação e transmissão destes programas será motivo de distração e formação cultural. Assim todos os povos estarão cada vez mais informados sobre a vida uns dos outros e terão mais possibilidades de trabalhar juntos pela união da humanidade e pelo estabelecimento da paz.

182. Deste modo, novas e cada vez maiores responsabilidades cabem ao povo de Deus; pois nunca como agora tão grandes possibilidades se lhe depararam de pôr os meios de comunicação ao serviço do progresso de toda a raça humana e em particular dos povos do terceiro mundo; de aprofundar o sentimento de fraternidade entre os

homens e de proclamar a Boa Nova da Salvação até aos últimos confins do mundo.

183. A presente Instrução Pastoral indica algumas linhas gerais de ação; a atual situação da comunicação social não permite descer a muitos pormenores. A concepção cristã da vida apoiase em princípios imutáveis baseados na mensagem de amor que é a Boa Nova do Evangelho, e na dignidade do homem chamado a ser filho de Deus. Obviamente, as diretivas aqui dadas e respectivas aplicações, bem como as orientações pastorais, terão que ser adaptadas às situações que variam em função do estado da técnica e da sociedade humana, bem como do influxo exercido pelos meios de comunicação nos diversos povos. Certamente que no futuro as leis próprias destes meios não cessarão de evoluir. Esta contínua evolução exige que os responsáveis pela planificação pastoral se mantenham continuamente atualizados nestes assuntos.

184. Muito resta ainda por investigar em ordem a um melhor conhecimento e domínio dos meios de comunicação; investigar, por exemplo, o serviço que podem prestar ao homem e instituições de todo o gênero (sobretudo no campo da educação) de tal modo que a dignidade humana seja cada vez mais reconhecida; continuar a investigar os efeitos e influências de tais meios nas várias culturas e nos vários temperamentos de pessoas; investigar finalmente com cada vez maior

espírito científico as próprias leis internas dos meios de comunicação e suas condições de aplicação e influência. As Universidades de antiga ou recente fundação têm aqui um campo aberto à investigação, que envolve graves problemas e cujo valor não fica atrás das tradicionais disciplinas universitárias. Por seu lado, a Igreja manifesta todo o seu interesse nesta espécie de trabalho. Manifesta também toda a boa vontade para, na medida das suas possibilidades, pôr as conclusões deste estudo ao serviço da pessoa humana.

185. Para este efeito, torna-se necessário: primeiro estudar cientificamente o contributo que a Igreja pode prestar neste campo; em seguida, estudar como este contributo que se lhe pede pode ser desempenhado equilibradamente nas diversas partes do mundo; finalmente, torna-se necessário que os católicos se integrem naquelas iniciativas que têm em conta a importância crescente dos meios de comunicação.

186. Esta Instrução Pastoral foi elaborada com a consciência da urgência de necessidades que não permitem demoras: necessidade de entrar em contacto e diálogo com os profissionais do mundo da comunicação social, necessidade de lhes dar todo o contributo ao seu alcance, e exortar todos os homens a usar estes meios para o progresso humano e glória de Deus. A comissão Pontifícia, segundo as diretrizes do Concílio Vaticano II, começou a sua preparação, consultando

peritos de todo mundo. É seu desejo que esta publicação seja não tanto o fim, mas princípio de uma nova fase.

187. O povo de Deus caminha na história. Chamado a comunicar ou a receber comunicação, olha com confiança e até entusiasmo para o futuro e para as promessas que uma idade espacial de comunicações lhe pode oferecer.

O Sumo Pontífice Paulo VI dignou-se aprovar e confirmar com a sua autoridade esta Instrução sobre os Meios de Comunicação Social, nos seus aspectos gerais e particulares e mandou-a publicar para que seja posta em prática, diligentemente, por todos a quem diz respeito.

sem que nada obste em contrário.

Roma, no V Dia Mundial da Comunicação Social, 23 de Maio de 1971.

† MARTINHO J. O'CONNOR
Arcebispo tit. de Laodicéia na Síria
Presidente

† AGOSTINHO FERRARI-TONIOLO
Bispo tit. de Tarso em Byzacena
Vice-Presidente

ANDRÉ M. DESKUR
Secretário

ÍNDICE

INTRODUÇÃO (1-5) 3

PRIMEIRA PARTE

Os meios de comunicação social
na perspectiva cristã: elementos doutrinais (6-18) . 7

SEGUNDA PARTE

Os meios de comunicação social
como fatores do progresso humano (19-100) 17

Capítulo Primeiro

Ação dos meios de comunicação
na sociedade humana (19-62) 17

1. Opinião pública (24-32) 21

2. Direito à informação e direito de informar (33-47) .. 24

   a) acesso às fontes e canais de informação (34-43) .. 24

   b) liberdade de comunicação (44-47) 30

3. Educação, cultura e tempo livre (48-53) 31

4. Gêneros artísticos (54-58) 35

5. Publicidade (59-62) 38

Capítulo Segundo

Condições ideais para a sua ação (63-100) 41

1. Formação (64-72) 41
    a) os que recebem a comunicação (65-70) 42
    b) os comunicadores (71-72) 45

2. Oportunidades e obrigações (73-83) 46
    a) dos comunicadores (73-80) 46
    b) dos que recebem a comunicação (81-83) 50

3. Cooperação (84-100) 51
    a) entre cidadãos e autoridades (84-91) 51
    b) entre as diversas nações (92-95) 55
    c) entre todos os cristãos,
    crentes e homens de boa vontade (96-100) 56

TERCEIRA PARTE

Empenho dos católicos no campo
dos meios de comunicação (101-180) 59

Capítulo Primeiro

Benefícios que podem prestar os católicos
à comunicação social (102-113) 60

Capítulo Segundo

Benefícios que podem prestar
os meios de comunicação aos católicos (114-134) 66

1. Opinião pública e mútua comunicação
na vida da Igreja (114-125) 66

a) diálogo no seio da Igreja (115-121) 66

b) diálogo Igreja-Mundo (122-125) 70

2. Utilidade dos meios de comunicação
para a propagação do Evangelho (126-134) 73

Capítulo Terceiro

Papel e iniciativas dos católicos
nos diferentes meios de comunicação (135-161) 77

1. Imprensa (136-141) 77

2. Cinema (142-147) 81

3. Rádio e Televisão (148-157) 83

4. Teatro (158-161) 86

Capítulo quarto

Equipamento, pessoal, organização (162-180) 88

CONCLUSÃO (181-187) 97

Impresso na gráfica da
Pia Sociedade Filhas de São Paulo
Via Raposo Tavares, km 19,145
05577-300 - São Paulo, SP - Brasil - 2018